Gertrud Jonas

Eine starke Persönlichkeit werden

... trotz aller Widrigkeiten

***

1. Auflage
Taschenbuchausgabe: 2023
ISBN 978-3-00-075622-1

Gertrud Jonas
Lohsestraße 7
D-50733 Köln

www.gertrudjonas.de

Für die,

die mutig sind,

sich selbst zu begegnen.

(Zum Schreibstil des Inhaltes möchte ich darauf hinweisen, dass ich die grammatikalisch männliche oder weibliche Form gleichermaßen für Männer und Frauen verwende.)

Vorwort

Die Herausforderungen des Lebens, die Stürme, die über uns so manches Mal hinwegwehen, verlangen von uns viel. Oft sogar zu viel. Wir werden in unser Leben hineingeboren, ungefragt, unwissend und ohne einen Halt.

Unsere Aufgabe ist es jedoch, die Herausforderungen unseres Lebens anzunehmen, den Stürmen standzuhalten. Denn dies alles trägt zu unserer Entwicklung als Mensch bei.

Doch wie schaffen wir es, die Herausforderungen zu meistern, den Stürmen kraftvoll zu begegnen?

Wir schaffen dies nur, wenn wir mutig genug sind, uns dem zu stellen, mutig sind, uns selbst zu begegnen.

Ein Ja zu sich selbst und zu seinem eigenen Leben macht aus uns eine starke Persönlichkeit, die ihr Leben leben kann, so wie es von Anfang an gedacht gewesen war.

Wir sind mutiger als wir denken, wir haben nur Angst vor unserem eigenen Ich im Licht.

Inhaltsverzeichnis:

Herausforderungen des Lebens

So vielfältig wir Menschen sind, so vielfältige Schicksale gibt es. Wir erleben Schönes und auch nicht so Schönes. Wir erleben kleine oder große Herausforderungen, die wir irgendwie meistern, wenn nötig auch mit Hilfe anderer. Doch es gibt auch das Grauenhafte, das viele von uns erleben und über das wir mit den Anderen nicht zu sprechen wagen. Und warum? Weil wir Angst haben auf Unverständnis zu stoßen, verurteilt zu werden, oder sogar aus der Gemeinschaft, die wir so dringend benötigen, ausgestoßen zu werden. Wir verschweigen und verwahren das Grauenhafte, dass uns auf unseren Weg geprägt hat und das weiterhin in uns wirksam ist, in unserem Inneren. Wir funktionieren weiterhin.

Einige von uns finden einen Weg aus dieser Misere und können ein zufriedenes, glückliches und erfolgreiches Leben führen. Einige leben mehr recht als schlecht damit und leben ein halbwegs zufriedenes Leben. Doch viele sind von den Ereignissen in ihrem Leben derart aus dem Gleichgewicht geraten, dass sie entweder nur auf Schwierigkeiten stoßen, egal in welche Richtung sie sich wenden, oder aber sie ziehen sich vom Leben zurück und versuchen unauffällig ein Leben zu leben, das ihnen zumindest ein ruhiges Leben sichert. Die Ansprüche, die sie sich einmal im Leben gesetzt haben, sind schon lange nicht mehr relevant. Sie sind zufrieden, wenn sie einigermaßen unauffällig in Sicherheit leben können.

Das Grauenhafte, das viele Menschen erleiden, ist in den allermeisten Fällen eine Handlung, die Menschen anderen Menschen antun. Umweltkatastrophen haben eine ganz anders geartete Auswirkung als das, was Menschen sich gegenseitig antun. Bei Umweltkatastrophen können wir mit unserem Schicksal hadern, daran zugrunde gehen, oder aber die Ärmel hochkrempeln und weitermachen.

Bei dem was Menschen anderen Menschen antun, handelt es sich meist um eine hochkomplexe und verzwickte Angelegenheit. Sie zu durchschauen, das Geschehen zu akzeptieren und dennoch weiterhin das Leben als lebenswert zu erachten, ist die größte Herausforderung, der wir Menschen in unserem Leben gegenüberstehen. Darum zu kämpfen, dass das erlittene Unrecht wieder gut gemacht wird, ist in vielen Fällen oft gar nicht möglich.

Wenn wir Menschen Unrecht erleiden, haben wir ein sehr starkes Bedürfnis danach, dass dieses Unrecht wieder gut gemacht wird. Es gibt in uns das starke Gefühl, dass nach Ausgleich, nach einem

Gleichgewicht verlangt. Wird ein Unrecht wieder gut gemacht, ob im Großen oder Kleinen, finden wir wieder in unsere eigene Balance zurück. Wir verspüren wieder Sicherheit und unser Vertrauen, das verletzt wurde, kann wieder heilen. Nach einiger Zeit sind wir dann auch wieder soweit, dem Leben gegenüber zu treten und uns neuen Herausforderungen zuzuwenden.

Doch was, wenn ein Unrecht nicht wieder gut gemacht wird, beziehungsweise nicht wieder gutgemacht werden kann? Was, wenn wir eine Wiedergutmachung nicht einfordern können, wenn wir uns sogar in Gefahr begeben würden, würden wir eine Wiedergutmachung verlangen? Oder aber wir stehen Menschen gegenüber, die das begangene Unrecht nicht sehen, nicht sehen wollen?

Das, was uns immer bleibt, ist meist nur die Hoffnung. Die Hoffnung, dass irgendwann der Tag kommen wird, an dem wir eine Wiedergutmachung für das erlittene Unrecht erhalten werden. Die Hoffnung, dass das Schicksal, dass eine höhere Macht für diesen Ausgleich sorgen wird, oder aber die Hoffnung, irgendwann so viel Mut aufbringen zu können, aufzustehen, um von diesem erlittenen Unrecht zu berichten.

Doch wenn wir an irgendeiner Art von Hoffnung festhalten,

werden wir die Täter, die uns Schreckliches angetan haben, nie loslassen können.

Das, was uns wirklich hilft in unserem Leben weiter zu gehen, wieder ein ganz eigenes Leben zu leben, das nicht mit Erinnerungen an dem was gewesen ist belastet ist, ist, das Konzentrieren auf das Hier und Jetzt. Aber auch das Vertrauen, dass das Leben von sich aus in die Balance zurückstrebt und so im Endeffekt für uns für einen Ausgleich, eine Wiedergutmachung sorgen wird. Egal, wie diese aussehen mag.

Um erlittenes Unrecht hinter sich zu lassen und zukünftig wieder ein lebenswertes Leben zu leben, bedarf es eine Bewusstwerdung über das eigene Leben und um das eigene Sein im Hier und Jetzt. Einfach ausgedrückt: Ich muss mir bewusst werden, woher ich komme, welchen Weg ich gegangen bin und wie ich im alltäglichen Leben, im Miteinander mit den Anderen unterwegs bin. Wie finden meine Beziehungen statt, wie kommuniziere ich, welche Wünsche, Sehnsüchte und Hoffnungen bestimmen mein Leben, und so weiter. Habe ich das abgeklärt, kann ich mich wieder auf meine eigene Zukunft auszurichten.

Die Bewusstwerdung über das eigene Leben ist allerdings kein einfacher, erholsamer und kurzer Spaziergang, der einfach mal so gegangen werden kann. Die Bewusstwerdung des eigenen Lebens kann spannend sein, kann ein Abenteuer sein, informativ mit vielen Aha-Erlebnissen, eine Begegnung mit schmerzhaften Erfahrungen, ein Verstehen von dem was ist, eine Geduldsprobe, ein Kennenlernen der eigenen Gefühle, Bedürfnisse, Sehnsüchte, Träume, Hoffnungen, aber auch eine Begegnung mit den eigenen Schattenseiten. Diese Bewusstwerdung kann eventuell erst einmal eine Verstörung auslösen, aber dies ist auch eine Chance zur Veränderung der eigenen Persönlichkeit.

Um unser Leben, unser Schicksal zu meistern, agieren wir Menschen in von uns festgelegten Verhaltensweisen, Ritualen, Gedanken, Handlungen und Taten, die wir uns im Laufe des Lebens angeeignet haben, um mit einem Gefühl von Sicherheit leben zu können. Dieses Gefühl nährt unser Vertrauen und lässt uns weiter im Leben voranschreiten.

Diese Struktur, in der wir leben, die wir uns selbst im Laufe unseres Lebens erbaut haben, kann uns zum einen eine Sicherheit vermitteln, zum anderen aber ist es die Voraussetzung dafür, dass unser Leben in den gleichen Bahnen, wie bisher gekannt, weiterverlaufen wird. Aber um ein lebenswertes Leben zu leben, um unsere Persönlichkeit voll zu entfalten, müssen wir offen sein. Offen sein, um zu sehen, was für ein Leben wir leben, um herauszufinden, wer wir wirklich sind, um Belastendes aus der Vergangenheit über Bord zu werfen und um einzutauchen in den Wellen des Meeres. Dazu gehört sicherlich viel Mut, doch haben wir nicht bereits viel Mut aufgebracht, um bis hierher, an diesem Punkt unseres Lebens, zu kommen?

Eine Bewusstwerdung des eigenen Lebens beinhaltet nicht nur das Bewusstwerden der eigenen Person und wie man mit anderen in Kontakt tritt, sondern auch das Akzeptieren der Gegebenheiten so wie sie sind. Denn nur dann, wenn wir bereit sind die Gegebenheiten, in denen wir uns befinden, zu akzeptieren, erst dann wird es uns auch möglich sein, diese, auf welche Art und Weise auch immer, abzuändern. Man kann nichts verändern, von dem man nicht genau weiß, was es ist. Viele Menschen versuchen irgendetwas im privaten Umfeld oder im geschäftlichen oder zwischenmenschlichen Bereich abzuändern, ohne sich vorher intensiv mit den Gegebenheiten beschäftigt zu haben. Und wenn sie sich doch damit beschäftigen, dann meist auf kognitiver Ebene. Doch um Gegebenheiten tatsächlich erkennen und verstehen zu können, bedarf es eine gesamtheitliche Betrachtungsweise. Wie dies funktionieren soll, darauf komme ich zu einem späteren Zeitpunkt zurück.

Um etwa zu verändern, von dem man noch nicht genau weiß um was es sich dabei handelt, lässt uns etwas Bedeutendes überspringen. Es ist der berühmte Stolperstein, der uns im Wege steht und über den wir dann mit Gewissheit stolpern werden. Ihn nicht zu beachten heißt, den Misserfolg bereits gebucht zu haben.

Wir Menschen möchten alles schnell, einfach und kostenlos. Sogar unser eigenes Leben. Doch das Leben ist alles andere, nur nicht schnell, einfach und kostenlos. Es kostet Aufwand, Mühe und stellt den höchsten Wert dar, den ein Menschen besitzen kann. Wir sollten uns unserem Leben würdig erweisen und die Verantwortung dafür übernehmen, anstatt ständig die Verantwortung für alles an andere weitergeben zu wollen.

Im Hier und Jetzt leben

Doch wie schaffen wir es, die Verantwortung für unser Leben zu übernehmen?

Zuallererst müssen wir lernen im Hier und Jetzt zu leben, präsent zu sein. Und wie machen wir das? Nun, das ist nicht ganz einfach. Für viele ist es der schwierigste und mühsamste Teil des Lebens. Doch wenn wir Schritt für Schritt vorgehen, so werden wir immer mehr Erkennen, Verstehen und Bejahen können. Wir werden lernen unser Leben annehmen zu können.

Im Hier und Jetzt zu leben heißt, sich des Augenblicks bewusst zu sein, zu sehen was um einen herum geschieht und den eigenen Körper dabei wahrnehmen zu können. Den eigenen Körper wahrnehmen zu können heißt, die Gefühle, die in bestimmten Augenblicken ausgelöst werden, wahrzunehmen und dann gehen zu lassen. Auch wenn in manchen Momenten dabei Tränen hochkommen, überwältigende Gefühle spürbar werden, ist es wichtig bewusst im Augenblick zu sein und nicht in das Gefühl 'hineinzugehen'. Denn dieses In-das-Gefühl-hineingehen ist genau das, was einem in einem immerwährenden Ping-Pong-Spiel gefangen hält. Phasen der Euphorie wechseln sich mit Phasen der Depression ab. Ein altbekanntes Spiel.

Wenn Gefühle, in der Verbindung mit dem Hier und Jetzt, wahrgenommen werden, wenn man sie erspüren kann und dann loslassen kann, so werden sie einem zukünftig nicht mehr belästigen, nicht mehr piesacken. Manche Gefühle schwächen sich zwar erst einmal nur ab, aber mit der Zeit werden auch diese ganz verschwunden sein. Man hat sich quasi von diesen Gefühlen befreit, eine bestimmte Energie losgelassen, und dadurch ein Stück Freiheit für sich erlangt.

Zu sehen, was um einem herum geschieht, heißt, sich anzuschauen was gerade im Außen geschieht, wo man sich befindet, die Dinge, auf die man blickt ohne Bewertung, ohne Gedanken zu betrachten. Die Aufmerksamkeit auf das zu fokussieren, was gerade ist, erfordert Konzentration auf das Hier und Jetzt. In diesem Moment ist das, was war und das, was sein könnte, nicht mehr von Belang, nicht mehr wichtig. Am Anfang ist dies ein fast unerreichbarer Zustand, da sich die Vergangenheit oft als ein sehr machtvoller Sog zeigt. Doch mit etwas Übung wird man feststellen, dass es immer besser gelingt sich auf den jetzigen Augenblick zu konzentrieren. Und je besser wir dies beherrschen, desto mehr distanzieren wir uns von früheren Ereignissen, von Träumereien, in die wir viel zu oft abgleiten und mit denen wir unser Leben boykottieren, aber auch von Gefühlen, die wir durch unsere Gedanken an früheren

Ereignissen aufrechterhalten.

Sich von früheren Ereignissen zu distanzieren heißt aber nicht, dass wir diese einfach wegtun sollten und weitermachen sollten als wäre nichts geschehen. Nein, dies ist damit nicht gemeint. Sondern, je mehr Distanz wir zu bestimmten Ereignissen bekommen, desto klarer wird unsere Sicht darauf. Und eine klare Sicht auf frühere Ereignisse ist die Grundvoraussetzung dafür, dass wir diese Ereignisse bewältigen können und ein Handling dafür bekommen, wie wir diese in unserem weiteren Lebensweg integrieren, ohne dass sie unser weiteres Leben weiterhin mitbestimmen.

Träumereien, Tagräume sind Gift für unser Leben, sofern sie nicht als eine Art von Arbeit an eine bestimmte Sache angewandt werden. Träumereien sind nur Illusionen, mit denen wir uns aus Langeweile beschäftigen, denn die Gegebenheiten, in denen wir uns befinden, erscheinen uns alltäglich, jeden Tag gleich, schon x-mal gesehen, und so weiter. Doch kein Augenblick, keine Gegebenheit ist stets gleich. Aus der Neurowissenschaft wissen wir, dass unser Gehirn nur einen Bruchteil dessen wahrnimmt, was tatsächlich um uns herum ist. Und daher ist die stete Übung mit dem Hier und Jetzt stets eine Herausforderung und kann dennoch wie ein Beruhigungsmittel wirken.

Tagträume tragen auch sehr dazu bei, Ängste zu entwickeln, da das, was wir uns erträumen, in den seltensten Fällen mit der Realität übereinstimmt. Diese Ängste erzeugen in uns einen Zwiespalt und treiben letztendlich unseren Stresspegel in die Höhe und setzen uns unter Druck.

Das Distanzieren von Gefühlen verhilft uns dazu, nicht "fremdgesteuert" zu werden. Gefühle lenken unser Leben und gestalten unser Leben. Da Gefühle in großem Maße mit Ereignissen aus der Kindheit verbunden sind, sind wir in einem Teufelskreis verhaftet, aus dem wir schwerlich wieder herauskommen. Wir agieren in bestimmten Momenten so, wie viele Generationen vor uns, weil wir durch bestimmte Gefühle wie Schuld, Loyalität, Liebe, und so weiter, gelenkt werden. Sobald wir uns von unseren Gefühlen etwas distanzieren können, sind wir in der Lage unser Verhalten abzuändern. Wir können so reagieren wie es uns entspricht, wir können unsere Gefühle dazu benutzen, an unserer Persönlichkeit zu arbeiten, zu wachsen und letztendlich mit wahrhaftigen Gefühlen unser Leben leben.

Sich das Hier und Jetzt bewusst zu sein, heißt aber auch die Realität, so wie sie ist, anzuerkennen. Die Schattenseiten des eigenen Lebens, der eigenen Person und die unschönen Dinge um einen herum tatsächlich zu sehen. Nur wenn wir die unschönen Dinge herum tatsächlich sehen können, können wir uns dazu entscheiden, unser Augenmerk auf die schönen Dinge zu lenken. Auch ist das Wissen um die unschönen Dinge immens wichtig, um diese gegebenenfalls abzuändern oder auszusortieren. Ebenso die Akzeptanz, dass es diese unschönen Dinge gibt und die Fähigkeit, diese eventuell einfach so zu belassen, wie sie sind.

Die eigenen Schattenseiten zu erkennen kann manchmal schmerzhaft sein. Zu erkennen, dass man bestimmte Eigenschaften selber zum Ausdruck bringt, die man an Anderen abgelehnt hat, ist ein sehr wichtiger Schritt in der eigenen Persönlichkeitsentwicklung. Der Andere ist stets ein Spiegel unserer eigenen Person und so lange wir den Anderen ablehnen, so lange verschließen wir unsere Augen vor uns selbst. Erst wenn wir das erkennen, was der Andere spiegelt, wird sich eine Anhaftung an diese Person lösen und wir können mit Akzeptanz und Respekt dem Anderen gegenübertreten.

Die Realität anzunehmen wie sie ist, kommt einer demutsvollen Verbeugung vor dem Leben gleich. Wenn wir so weit sind, haben wir es geschafft, bei uns selbst anzukommen. Anzunehmen, das was ist, und uns selber als die Person zu akzeptieren, die wir sind, mit allen Licht- und Schattenseiten, dies ist der Augenblick, an dem unser eigentliches Leben beginnt. Bis dahin befanden wir uns im Reifeprozess, im Werden, im Erblühen.

Der Mechanismus des Hier und Jetzt

Wenn wir uns im Hier und Jetzt befinden, aufmerksam und präsent sind, so sehen wir die Realität so wie sie ist. Und das ist nicht immer angenehm. Mit unseren Träumen und unseren Tagträumen, in denen wir unsere Sehnsüchte, Hoffnungen und Erwartungen packen, belegen wir die Realität mit einem Filter, sodass wir das, was ist, nicht klar sehen können. Es ist als würden wir eine Sonnenbrille aufsetzen um damit die Strahlen des Lebens abzuschirmen. Wenn wir den Filter wegnehmen, so werden wir ganz nüchtern die Realität sehen können und das ist nicht immer schön, aber es ist genau die Herausforderung, die die Einleitung dafür ist, uns selbst kennen zu lernen. Diese Herausforderung kann schmerzhaft sein, sie kann Schuld- und Schamgefühle auslösen, Verzweiflung, aber auch die Erkenntnis, dass wir nicht viel mehr tun müssen, als zu sein. Wir erkennen, dass durch das Hier- und Jetzt-Sein, die ganze Plackerei, die wir Menschen an den Tag legen, um auf die Suche nach dem Sinn des Lebens zu gehen, einen Weg um Glücklichsein zu finden, oder Dinge abändern zu wollen, die gar nicht abgeändert werden wollen, unnötig ist. Dies festzustellen nimmt einem eine schwere Last, die oft jahrzehntelang herumgetragen wurde und die dazu verholfen hat, dass wir einen beschwerlichen Weg gehen mussten, ab.

Sobald der Filter nicht mehr vorhanden ist und wir der Realität gegenüberstehen, können wir beobachten, wie wir selbst in dieser, unserer Welt, unterwegs sind. Wir können das Verhalten unseres Gegenübers beobachten, aber auch unser Verhalten ihm gegenüber. Wir hören die Sprache, die das Gegenüber spricht und die Sprache, die wir selber sprechen. Wir sehen Reaktionen, die das Gegenüber unbewusst aussendet und, was für einem jeden von uns ganz besonders interessant sein dürfte, wir erleben unsere unbewussten Reaktionen mit. Wir können mit der Zeit lernen, unsere Gefühle in bestimmten Situationen schneller und detaillierter wahrzunehmen als bisher und bekommen aber auch die Gefühle unseres Gegenübers mit, jedoch in einer Art und Weise, die für uns nicht belastend ist.

Durch das Bewusstwerden von dem, was in der jetzigen Situation sowohl beim Gegenüber als auch bei uns geschieht, versetzen wir uns selbst in die Lage, Situationen anders als bisher zu Händeln, das eigene Verhalten abzuändern, aber auch wenn nötig dem Gegenüber sein Verhalten wertschätzend zu spiegeln.

Sobald man bei sich unbewusste Reaktionen erkennt, ist man in der Lage, diese abzuändern, sofern man dies möchte. Dies allerdings wird nicht von heute auf morgen möglich sein. Hier ist schon ein längerer und arbeitsaufwändiger Prozess von Nöten. Unbewusste Reaktionen vom Gegenüber sind oft aussagekräftiger als das gesprochene Wort, sodass wir unser Gegenüber durch unsere bewusste Aufmerksamkeit sehr viel besser kennenlernen können.

Bei der Wahrnehmung unserer Gefühle sollten wir uns bewusst sein, dass die Gefühle zwar ein Gradmesser für die jeweilige Situation sind, dass aber auch unsere Gefühle mit Erlebnissen aus unserer Vergangenheit verbunden sein können. Unsere Gefühlspalette ist immens und in den wenigsten Fällen sind unsere Gefühle ein zuverlässiges Ordnungssystem.

Herauszufinden was für bestimmte Gefühle wir in einer bestimmten Situation erspüren und wie wir diese in dieser Situation händeln können, können wir nur durch eine intensive Schulung durch uns selbst. Hierbei kann uns keiner behilflich sein, außer in der Findung der Begrifflichkeit, in der Benennung oder der Namensfindung eines bestimmten Gefühls.

Um uns selbst zu erkennen, uns in unserer eigenen Persönlichkeit in der jetzigen Realität wahrzunehmen, erdet uns in unserem Leben an dem Platz, an dem wir uns befinden und aus dem wir nicht aussteigen können, da wir uns überall mit hinnehmen, egal wohin wir gehen. **Durch die Bewusstwerdung, uns in unserer jeweiligen Situation bzw. Realität wahrnehmen zu können, verschafft uns die Möglichkeit in unserem Leben Wurzeln zu schlagen.** Wir bekommen dadurch die Chance unser Leben so zu gestalten, wie wir es gerne hätten, unter der Voraussetzung, dass wir die Gegebenheiten, die wir nicht abändern können, annehmen. Wenn uns dies gelingt, so finden wir durch die Bejahung des eigenen Lebens Zufriedenheit. Wir sehen sehr viel mehr Möglichkeiten zur Gestaltung des eigenen Lebens, aber auch, und das ist ein überaus wichtiger Punkt: Wir kommen in das Gefühl von "Verbundensein mit Allem ". Auch wenn wir einmal alleine sind, so wird das Gefühl von Einsamkeit, das sich sehr von dem Alleinsein unterscheidet und sehr belastend sein kann, durch die Bewusstwerdung im Hier und Jetzt in das Gefühl von "Verbundensein mit Allem" verwandeln, transformieren.

Der Weg der Bewusstwerdung

Für viele von uns beginnt der Weg in die Bewusstwerdung aufgrund eines Ereignisses oder mehrerer Ereignisse traumatischer Natur. Natürlich gibt es Menschen, die aufgrund eines bestimmten Augenblicks, eines Erkennens, den Weg in die Bewusstwerdung finden und sicherlich gibt es auch Menschen, die aufgrund einer Entscheidung diesen Weg gehen, doch den meisten scheint dies vom Schicksal nicht vorbestimmt zu sein.

Ein traumatisches Ereignis, oder auch mehrere traumatische Ereignisse, bringen einen Menschen im wahrsten Sinne des Wortes aus der Fassung. Ein derartiges Erlebnis wirft die Welt, so wie sie bisher gekannt wurde, aus der Bahn. Ein derartiges Erlebnis zieht einem Menschen den Boden unter den Füßen weg. Oder alles gleichzeitig. In derartigen Situationen schalten alle Systeme des Menschen auf "Notfall". Alle Systeme werden hochgefahren. Der Mensch hört, riecht, schmeckt, sieht alles in einem stärken Ausmaß als bisher. Das komplette Wahrnehmungssystem läuft auf Hochtouren und droht zusammenzubrechen, was leider bei vielen Menschen dann auch geschieht.

Doch für viele Menschen ist dieser Moment der Moment, in dem der Mensch in seinem Innern nach Halt und Sicherheit greift, wo er beginnt sich dort zu verankern. Dieser Moment ist zwar nicht greifbar, doch die meisten wissen intuitiv, dass dort ein Festhalten möglich ist und kehren immer wieder in diesen Zustand zurück.

Doch der nun eingeleitete Weg wird kein einfacher Weg sein. Es bedarf Mut, sehr viel Mut, und auch eine gewisse Stärke um diesen Weg zu gehen. Dieser Weg fordert Ausdauer und Disziplin, Verzicht auf vieles für eine eventuell sehr lange Zeit, das Aushalten von Schmerzen, ohne in diese Schmerzen hineinzugehen, schmerzhafte Erkenntnisse, das Annehmen der eigenen Schattenseiten. Dieser Weg fordert aber auch, und das ist eine der wichtigsten und auch schwierigsten Übung „Zu-erkennen-was-ist-ohne-zu-reagieren“, es in dem Moment so sein zu belassen wie es ist, um zu einem späteren Zeitpunkt darauf angemessen zu reagieren.

Unsere Reaktionen sind sehr häufig mit unseren Gefühlen und Gedanken verknüpft, sodass wir *spontan* reagieren. Und gerade das gilt es zu unterbrechen beziehungsweise voneinander zu lösen. Wir müssen uns unserer unbewussten Reaktionen immer mehr bewusst werden, um das Leid, in dem wir zeit unseres Lebens gefangen waren, aufzulösen. Diese Arbeit ist aufwändig und lässt sich nicht von heute auf morgen erledigen. Diese Arbeit an uns ist ein sehr langer, manchmal auch ein lebenslanger Prozess. Ein Prozess, bei dem wir uns immer wieder selbst daran erinnern müssen, dass wir bewusst wahrnehmen müssen was im Hier und Jetzt geschieht. Ein Prozess, bei dem wir uns immer wieder selbst motivieren müssen bewusst zu bleiben. Ein Prozess, der immer wieder schmerzlich sein kann. Und doch haben wir keine andere Wahl, wenn wir gesund, stark und selbstbewusst unser Leben leben wollen.

In der heutigen Gesellschaft soll immer alles schnell, sofort und leicht über die Bühne gehen. Der Weg zur Bewusstwerdung ist genau das Gegenteil. Doch wenn dieser Weg, so schmerzhaft, so schwierig und so leidvoll ist, warum soll der Mensch ihn dann gehen? Weil der Weg zur Bewusstwerdung der einzige Weg ist, um das Leben zu leben, das einem vorbestimmt ist. Wenn wir ein selbstbewusstes Leben leben, wenn wir uns unserer selbst bewusst sind, so können wir uns von den Anhaftungen an andere Menschen und an Dingen loslösen und wir können dadurch auch unsere selbstzerstörerischen Gedanken auflösen. Wenn wir dies geschafft haben, so werden wir Zufriedenheit und Freude verspüren und somit auch das Glück, so wie jeder es für sich letztendlich interpretiert, finden.

Je mehr der Mensch es schafft bewusst zu leben, desto eher kann das Gegenüber auch bewusst werden. Ein bewusster Mensch lebt dem anderen vor, wie es ist, bewusst zu sein. Und bewusste Menschen strahlen eine Kraft aus, die andere anziehend finden. Kommen unbewusste Menschen mit bewussten Menschen in Kontakt, nehmen sie auf unbewusster Ebene wahr, wie es ist, bewusst zu sein. Doch da sie kein Wissen darüber haben, wie sie ebenfalls in einen solchen Bewusstseinszustand kommen können, laufen sie den bewussten Menschen hinterher, in der Hoffnung, dass der bewusste Mensch ihnen etwas geben könnte, was sie sich aber nur selbst geben können. So laufen sie Gefahr in eine Abhängigkeit zu einer anderen Person zu geraten.

Heutzutage gehen viele Menschen in Seminare, in der Hoffnung, ihre Probleme dort lösen zu können, um sich auf die Suche nach dem Sinn des Lebens zu machen. Oder aber, sie kaufen sich Selbsthilfebücher, Ratgeber oder Coachingbücher um auf eine schnelle und effiziente Art und Weise sich selbst umprogrammieren zu können. Sehr häufig stellen sie Jahre später fest, dass dies alles nicht dazu beigetragen hat, zufriedener und glücklicher zu werden und dass anstelle der erhofften Freude sich ihre Probleme nur verstärkt und vermehrt haben.

Der Weg der Bewusstwerdung, der Weg sich selber auf die Schliche zu kommen, der Weg seine Probleme zu meistern und der

Weg Zufriedenheit für sich zu finden, ist der Weg, der nur über das "Mit-sich-selbst-zusammen" gegangen werden kann. Das heißt, dass der Weg der Bewusstwerdung auch ein Weg ist, den man alleine gehen muss. Man kann sich Hilfe suchen bei jemanden, dem man alles erzählen kann was einem so durch den Kopf geht, was einem beschäftigt, doch den Weg muss jeder für sich selber gehen. Jede Entscheidung muss selbst getroffen werden. Jeder einzelne Schritt der gegangen wird, muss selbst verantwortet werden. Und ehrlich kann man nur mit sich selber sein, wenn man ohne Beeinflussung von anderen seine Schmerzen, seine Gefühle, seine Verzweiflung wahrnimmt.

Der Weg der Bewusstwerdung ist oft ein einsamer Weg. Doch was kann es für ein größeres Geschenk für uns Menschen sein, uns selbst zu begegnen, uns selbst kennen zu lernen und uns selbst zu leben?

Das Erwachen - das Wachwerden

Im Hier und Jetzt zu sein, in Verbindung mit seinem Körper zu sein und das was ist wahrzunehmen, führt letztendlich zu dem Moment, in dem man erwacht, beziehungsweise wach wird. In diesem Moment wird man sich der ungeschminkten Realität bewusst. Man sieht zum ersten Mal in seinem Leben die tatsächliche Realität, in der man sich befindet. Diese Realität ist nicht mit Vorstellungen, mit Träumen, mit Illusionen behaftet. Diese Realität ist sachlich, neutral, ja man könnte auch sagen, sie ist gnadenlos und schmerzhaft.

Viele Menschen glauben, dass das 'Erwachen' eines Menschen damit einhergeht, dass der Mensch sein bisheriges Leben in einem ganz neuen Licht sieht und plötzlich zu einem menschlicheren Wesen wird, das sehr viel Liebe für seine Mitmenschen und für die Welt aufbringt und dem die Erkenntnis über das wahre Leben zuteil geworden ist. Diese Vorstellung ist zu einem Teil wahr, zu einem anderen Teil jedoch korrigierfähig.

Das Erwachen beziehungsweise Wachwerden eines Menschen lässt ihn tatsächlich sein Leben in einem ganz neuen Licht sehen. Auch verändert sich der Mensch, sobald er den Moment des

Erwachens, beziehungsweise Wachwerdens, erlebt hat. Doch die Liebe für seine Mitmenschen und für die Welt bedarf eines längeren Prozesses. Damit der Mensch zur wahren Liebe fähig werden kann, muss er sich erst einmal von allen Anhaftungen befreien, beziehungsweise lösen, seine Vorstellungen von sich und dem Leben aufgeben und unvoreingenommen sich all seiner Schattenseiten stellen. Er muss den Mut aufbringen, sich den Schmerzen zu stellen, die tief in seinem Herzen eingeschlossen sind und die nur durch eine unvoreingenommene und urteilsfreie Wahrnehmung aus seinem Innern aufsteigen werden. Einen Schmerz gewahr werden, ihn sein zu lassen um ihn dann loszulassen, ist ein Prozess, der erst einmal erlernt werden muss.

Aufgrund seines Lebenswegs ist der Mensch geprägt von bestimmten Ereignissen, durch Begegnungen und auch von ganz bestimmten Vorstellungen, die er sich aufgrund seiner Gedanken konstruiert hat. Menschen übernehmen im Laufe ihres Lebens Verhaltensmuster und Traditionen, ohne diese je in Zweifel zu ziehen, oder sie gehen einen Lebensweg, der ihnen vorgegeben wurde und von dem sie selbst denken, dass sie ihn gehen müssten, weil andere es von ihnen erwarten.

Der Moment des Erwachens, der Moment des Wachwerdens aber verlangt all dies loszulassen. Loszulassen heißt, sich keine

Gedanken über etwas zu machen, sondern es einfach so zu belassen und es gleichzeitig so zu sehen wie es ist, ohne in irgendeine Reaktion überzugehen. Dieses Loslassen funktioniert natürlich nicht mit einem Mal, sondern es ist eine immer wieder dem gleichen Prozess durchlebte Übung.

Es kann sehr schmerzhaft sein, seine Vorstellungen von sich und seinem Leben aufzugeben und sich so zu sehen wie man tatsächlich ist und sein Leben zu akzeptieren, wie es ist. Dies kann mit Gefühlen einhergehen wie Trauer, Abschiednehmen, Dankbarkeit, Verzicht, Bedauern und noch viele andere Gefühle mehr. Es kann sogar mit einer ganzen Gefühlspalette einhergehen. Viele Menschen arbeiten daran, das eigene Leben verändern zu wollen. Doch um das eigene Leben überhaupt verändern zu können, bedarf es zuallererst, dass man sein eigenes Leben akzeptiert, so wie es ist, und dies kann man nur, wenn man auch weiß, wer man selber ist. Sein eigenes Leben zu akzeptieren ist der erste Schritt zur Veränderung.

Sein Leben zu akzeptieren heißt auch, rückblickend die Zusammenhänge zu erkennen, und zu erkennen und zu akzeptieren, dass wir Menschen von einem ganz bestimmten Platz aus gestartet sind, dass wir ganz bestimmte Gegebenheiten hatten, die unseren weiteren Weg geprägt haben und dass wir in eine

Familie hineingeboren wurden, die nicht nur bestimmte Gegebenheiten für uns bereit hielt, sondern uns auch bestimmte Gene, eine bestimmte körperliche Konstitution und uns Wurzeln mitgegeben hat, die uns mit der gesamten Geschichte dieser einen bestimmten Familie verbindet. Ob dies nun wahrgenommen wird oder nicht, die Familiengeschichte wirkt in uns weiter.

Sich seinen Schattenseiten zu stellen, stellt insofern eine ganz besondere Herausforderung dar, da wir diese Schattenseiten stets verneinen, beziehungsweise sie nicht wahrnehmen wollen. Erzogen werden wir Menschen meist dazu, dass wir nicht böse sein sollen, dass wir gute Taten tun und dass wir Menschen alle gleich behandeln sollen. Doch in uns Menschen ist sowohl das Gute als auch das Böse vorhanden. Wenn wir erwachen, beziehungsweise wachwerden, werden wir wahrnehmen, dass wir Gedanken denken, die wir nicht denken wollen oder sollten, dass wir manchmal den Drang verspüren etwas zu tun, was wir lieber unterlassen sollten, oder dass wir einfach nur mal ausprobieren wollen wie es ist, böse zu sein.

Wir werden erkennen, wo wir in unserer Lebensgeschichte dunkle Flecken haben, wo wir schwach werden, wo wir versagt haben, wo wir Böses getan haben.

'“Ja“ zu uns zu sagen, „Ja“ zu dem, was wir getan haben und das nicht in Ordnung wahr, „Ja“ zum weiteren Lebensweg zu sagen und zu wissen, dass jeder Tag ein neuer Tag ist, in dem wir sowohl unsere Licht- als auch unsere Schattenseiten zeigen können, ist ein „Ja“ zu uns als menschliches Wesen.

Schon in der Bibel heißt es "Des Menschen Willen ist sein Himmelreich" und so können wir stets wählen zwischen Gut und Böse, zwischen stark und schwach, zwischen Leben und Tod.

Durch das Erwachen, beziehungsweise Wachwerden, hat der Mensch die Möglichkeit zu erkennen wer er ist, um dann zu werden der er ist. Doch nur die Mutigsten werden nicht nur erwachen, beziehungsweise wachwerden, sondern sie werden auch Menschen werden.

Gedanken denken

Unsere Gedanken sind ein ganz mächtiges Instrument, mit dem wir unser Leben gestalten. Unsere Gedanken haben uns zu dem Menschen werden lassen, der wir momentan sind und mit unseren Gedanken erwählen wir uns ein Leben im Himmel oder in der Hölle.

Wir Menschen glauben, dass wir es sind, die unsere Gedanken denken. Doch manchmal, wenn wir ganz aufmerksam sind und wir uns selber beobachten können, beziehungsweise unsere Gedanken beobachten können, dann ist es uns manchmal, als würden unsere Gedanken uns denken. Manche Menschen können auch ihre eigene innere Stimme sehr gut hören. Wobei hier nicht von einer sprechenden Stimme gesprochen werden kann, nein, denn das wäre pathologisch. Bei der eigenen inneren Stimme handelt es sich um eine intuitive Weisheit, die sich im Innern eines Menschen kundtut.

Manche Menschen glauben sie hätten keine Wahl, als ihr eigenes unablässiges Denken zuzulassen und sich damit abzufinden niemals Ruhe zu finden. Andere Menschen gehen zum Beispiel in den Wald um Ruhe zu finden, um sich von dem alltäglichen Alltag zu distanzieren und um sich auch auf etwas Anderes konzentrieren zu können. Nur so sind sie in der Lage sich für eine kurze Zeit aus ihrer Gedankenspirale zu lösen. Diese Menschen können sich zwar von belastenden Gedanken lösen, aber sie fokussieren sich gedanklich sofort auf ein anderes Thema.

Die Gedanken, die wir denken, beeinflussen aber auch unsere körperliche, physiologische Befindlichkeit. Gedanken können sowohl entspannend sein, als auch uns in Erregung versetzen. Ängste zum Beispiel, sind nichts anderes als gedachte Illusionen. Denn wer hat nicht schon mal die Erfahrung gemacht, dass, wenn man sich seinen Ängsten stellt, also sich nicht mehr gedanklich damit beschäftigt, sondern in Aktion tritt, diese sich alsbald in Luft auflösen. Und wer schon mal genauer auf einen derartigen Prozess geschaut hat, weiß, dass die Ängste nur entstanden sind, weil man sich viel zu viele Gedanken über eine bestimmte Sache gemacht hat. Wir Menschen haben aber auch die Gewohnheit, dass wir immer dieselben Muster bedienen, die wir seit Jahren, seit Jahrzehnten, benutzen. Daher laufen unsere Gedanken auch immer in gleichen Mustern ab. Sei es wie wir über bestimmte Gegebenheiten, über Menschen, über Erfolg, über Geld, und so weiter, denken. Wir gestalten unser Leben durch Gedanken, die wir einerseits selbst erwählen, aber auch durch Gedanken, die wir aufgrund unserer Erziehung denken. Auch Gedanken, die wir von Menschen aus früheren Zeiten übernommen haben oder die aufgrund von Ereignissen in unserem Leben entstanden sind, gestalten unser Leben mit.

Gedanken sind wie ein Gefängnis, in dem wir unser Leben leben, in dem wir meist ein leidvolles Leben führen, oder in dem wir vergebens nach der Freiheit suchen, die wir uns so sehr ersehnen.

Mit unseren Gedanken können wir der Realität, die uns erschreckt, die uns unsere Bedeutungslosigkeit vor Augen führt, ein Stück weit entfliehen. Wir können unser Leben mit unseren Gedanken in bunte Farben tauchen und uns suggerieren, dass wir uns nur richtig anstrengen müssen, damit wir das Leben, das wir uns gedanklich ausmalen, auch erreichen können. Gedanken können uns anspornen. Ja. Doch meist ist es ein Weg, den wir uns ersehnen oder erhoffen, aber es ist in den seltensten Fällen der Weg, den das Leben für uns bereithält. So leben wir stets in dem Zwiespalt das Leben zu erreichen, welches wir uns erhoffen oder ersehnen und zum anderen möchte das Leben, das gelebt werden will, sich seinen Weg bahnen. Dies ist ein sehr kräfteaufreibender Akt, dem wir Menschen stets ausgesetzt sind.

Doch wer einmal die Erfahrung gemacht hat nichts zu denken, nur in der momentanen Wahrnehmung zu verweilen und dabei in Verbindung mit dem eigenen Körper zu sein, weiß, wie entspannend dieser Zustand für den gesamten Organismus des Menschen ist. Wir benötigen keine Entspannungsseminare, die uns anleiten irgendwelche Techniken zu erlernen nur um entspannen zu können, denn der entspannte Zustand eines Menschen ist ein ganz natürlicher, vorhandener Zustand. Wir Menschen haben nur verlernt in unserer eigenen Mitte zu ruhen, ohne Gedanken, aufmerksam im Hier und Jetzt zu verweilen.

Doch wir können es alle wieder lernen. Nämlich, ***in dem wir aufmerksam im Hier und Jetzt, in Verbindung mit dem eigenen Körper wahrnehmen was ist, indem wir den Ort sehen, an dem wir uns befinden, indem wir die Geräusche hören, die uns umgeben, indem wir die Luft riechen mit ihren Düften, die unsere Nase gerade umwehen, indem wir schmecken was unsere Geschmacksknospen im Mund uns mitteilen, indem wir nachspüren, welche Stellen unseres Körpers momentan mit der Außenwelt in Verbindung sind und unsere innere Mitte erspüren, die uns intuitiv die gesamte Situation wahrnehmen lässt.***

Anfänglich wird uns vieles nicht auf Anhieb gelingen. Wir werden plötzlich wahrnehmen, dass wir zum Beispiel die letzten Minuten nur mit dem Sehen beschäftigt waren. Oder wir sind an den Vogelstimmen im Baum hängengeblieben. Doch wie alles im Leben ist auch die gedankenlose, aufmerksame Wahrnehmung nur eine

Übungssache.

Nichts zu denken bedeutet, das Leben aus einer anderen Ebene, nämlich aus unserer Mitte heraus, wahrzunehmen. Es bedeutet aber auch die Illusionen, mit denen man sein Ich gedanklich kreiert hat, loszulassen und die nackte Realität zu sehen, um sie letztendlich anzunehmen. Dies kann eine schockierende, aber auch erlösende Erfahrung sein. Zu sehen, wer man wirklich ist, wenn man alle Illusionen einmal aufgegeben hat, kann wahrlich erschreckend sein. Aber wenn etwas Zeit vergangen ist, der Schock nachlässt, spürt man, wie erlösend es ist, keine Illusionen mehr aufrecht erhalten zu müssen. Das, was man in der Vergangenheit mühsam aufrechterhalten hat, was letztendlich der eigenen Psyche unermessliche Kräfte abverlangt hat, kann man abstreifen wie ein Kleid, welches von Jahr zu Jahr unpassender und belastender geworden ist.

In bestimmten Situationen gedankenlos und in aufmerksamer Wahrnehmung zu verweilen, hat aber auch den Vorteil zu erkennen was vor sich geht, einen distanzierten Blick auf das Geschehen zu haben, sodass Lösungen, weitere Vorgehensweisen, aber auch nötige Interventionen erkannt werden können. Denn nicht ohne Grund sagt man, dass Menschen, die intensiv mit einem bestimmten Thema befasst sind, zu tief in die Materie eingetaucht sind, um Veränderungen oder Weiterentwicklungen in die Wege leiten zu können. Wer sich ohne Gedanken, in einer aufmerksamen Wahrnehmung und in Verbindung mit dem eigenen Körper einer Situation überlässt, findet oft den gesuchten Weg, hinein in neue Fahrwasser.

Anhaftungen

Um tatsächlich im Hier und Jetzt anzukommen ist es von großer Wichtigkeit sich von Anhaftungen frei zu machen. Die Übung, sich stets aufmerksam im Hier und Jetzt, in Verbindung mit dem eigenen Körper und der Ausrichtung auf die momentane Situation zu positionieren, bringt den Menschen automatisch mit seinen Anhaftungen in Berührung. Diese Anhaftungen beziehen sich zum Beispiel auf die eigene Ursprungsfamilie, auf die eigene Familie mit Ehepartnern, Ehepartnerin und Kindern, auch auf bestimmte Verhaltensmuster, Gedankenmuster, ja auch auf Umgebungen, in denen man aufgewachsen ist, und so weiter. Anhaftungen wirken unbewusst und haben einen sehr mächtigen Einfluss auf die Gestaltung unseres Lebens. Sei es die Auswahl des Ehepartners, der Ehepartnerin, sei es die Gestaltung der eigenen Wohnung, der Umgebung. Auch Entscheidungen werden unter Anhaftung an veraltete Gegebenheiten gefällt. Und wer kennt sie nicht, die Entscheidungen, die uns immer wieder in belastende Situationen hineinmanövrieren?

Anhaftungen gestalten unser Leben und machen uns unfrei. Wir Menschen haben in uns das Bedürfnis nach einer gewissen Freiheit. Doch seien wir mal ehrlich, der Gedanke daran kann tatsächlich beängstigend sein. Denn wenn wir tatsächlich frei sind, wer sind wir dann? Zu welchem Kreis gehören wir denn dann dazu und welchen Grund gibt es dann, uns überhaupt einem bestimmten Kreis zuzuwenden? Und für welchen nächsten Schritt sollen wir uns dann entscheiden, wenn wir keine Erwartungshaltung im Außen verspüren? Denn frei zu sein heißt ja auch, sich von Erwartungshaltungen anderer frei zu machen, nur dem eigenen Gewissen verantwortlich zu sein.

Sich von Anhaftungen frei zu machen, innerlich frei zu sein und selbstverantwortlich nach seinem eigenen Gewissen zu leben, dazu gehört schon eine große Portion Mut. Wem in seiner Kindheit nie Mut abverlangt wurde, der wird es in seinem Erwachsenenleben sehr schwer haben, ein erfülltes Leben zu führen, ein Leben, in dem er fest verankert ist. Kinder, die eine Startposition hatten, in der sie alles Erdenkliche von den Eltern bekommen haben, die ohne große Probleme durch ihre Kindheit gehen konnten, werden sehr wahrscheinlich ein von außen gesehen erfülltes Leben führen. In der Kindheit mit viel Liebe bedacht, in einem finanziellen gut gepolsterten Rahmen verortet, mit Beziehungen, die einem Türen für ein späteres erfolgreiches Leben öffnen, starten viele junge Menschen in ein Leben, davon ausgehend, dass die Gegebenheiten stets die gleichen bleiben. Doch dies ist nicht bei allen so. Denn das Leben hat seine eigenen Pläne und viele werden in ihrem späteren Leben mit Situationen konfrontiert, von denen sie bis dahin niemals etwas gehört, gesehen, gelesen oder erfahren haben. Erfahrungen, die nicht in ihrer bisherigen Struktur denkbar gewesen wären.

Und genau diese Situationen sind es, die dem Menschen Mut abverlangen sie zu meistern. Wer derartige Situationen nicht mit Mut begegnet, wird untergehen. Zum Leben gehört, so wie Liebe, Dankbarkeit, Wut, Zorn und sonstige Gefühle, auch Mut. Eltern, die von ihren Kindern alles abhalten, anstatt sie aufzufordern mutig zu sein, sie zu sehr beschützen, erziehen ihre Kinder zu Erwachsenen, die ihr eigenes Leben nicht meistern können. Deshalb sollten sich Eltern auf ihr Leben konzentrieren und sich nicht zu sehr auf das Leben ihrer Kinder fokussieren. Die Anhaftung der Eltern an ihre Kinder ist ein für die Kinder erstickender, letztendlich tödlicher Prozess, in Bezug auf die Entwicklungsphasen der Kinder gesehen. Eltern sollten ihre Kinder zu einem mutigen Umgang mit den Gegebenheiten anleiten, denn dies ist eines der größten Geschenke, das Eltern ihren Kindern für den Start in ein selbstbewusstes Leben mitgeben können.

Bei vielen Menschen beeinflusst die Ursprungsfamilie im starken Ausmaß das spätere Leben. Das in der Kindheit Erlebte wirkt auf unbewusster Ebenen weiter und lässt so den Menschen nicht zu dem Menschen werden, der er ist. Die Diskrepanz zwischen dem was ist und dem was sein sollte, wenn auch nicht auf bewusster Ebene wahrgenommen, versetzt den Menschen in einen Zwiespalt, aus dem das Leid seines Lebens entsteht. Um wirklich ein eigenes Leben zu führen ist es unabdingbar, alles loszulassen. Sei es die Eltern, Geschwister, Freunde, Bekannte, Ehepartner, Ehepartnerin, Kinder und so weiter. Doch dies alles loszulassen heißt nicht, es zu verlieren, es aus seinem Leben auszuradieren. Nein. Sich loszulösen kann zwar am Anfang ein schmerzvoller Prozess sein, doch verwandelt sich dieser Prozess in eine Art Leichtigkeit, mit der man alles, an dem man sich einmal viel zu fest festgehalten hat, händelt. Das Leben wird durch das Loslassen leicht, es kostet keine Kraft mehr, sondern spendet Kraft und man gelangt in einem Zustand der Freude und empfindet das, was auf einem zukommt, als passend. Entscheidungen werden dann mit einer inneren Gewissheit von Richtigkeit getroffen und sind keine Entscheidungen mehr, mit denen wir uns viel zu lange herumschlagen. Auszusortieren was zur Ursprungsfamilie gehört und was nicht, bedarf einer Aufmerksamkeit, die in allen Gegebenheiten, Situationen und auch Begegnungen angewandt werden muss. Dies ist ein langer Prozess, der zum einen das Erkennen, wo was hingehört, das Akzeptieren, das es ist, aber auch die Geduld und Bereitschaft herauszufinden, was das Eigene ist, beinhaltet.

Auch Gedankenkonstrukte müssen aufmerksam beobachtet werden, da auch diese von der Ursprungsfamilie beeinflusst wurden oder ihr noch immer anhaften. Da unsere Gedanken unser Leben gestalten, müssen wir, sofern wir unser eigenes Leben leben wollen, uns dieser Aufgabe immer wieder widmen.

Gedanken lösen Reaktionen aus, beeinflussen, wie wir der Welt begegnen und entscheiden, was wir in unser Leben lassen und was nicht. Verweigern wir uns dieser Aufgabe, uns mit unseren Gedanken auseinander zu setzen und verbleiben wir im Zustand der Anhaftung, so werden wir ein von anderen beeinflussten Leben leben, jedoch nicht unser Leben und auch kein freies Leben.

Uns frei von Anhaftungen zu machen heißt, Licht in unser Unbewusstes zu bringen, indem wir uns unserer unbewussten Vorgänge bewusst werden. Das kostet zwar etwas Mühe, doch es entspricht unserem Urverlangen nach Licht, so wie die gesamte Natur sich nach dem Licht ausrichtet.

Loslassen

Sobald wir uns bewusst geworden sind, welche Anhaftungen in uns wirksam sind, können wir uns daran machen, diese loszulassen. Bevor wir diese jedoch loslassen können, bedarf es der Erkenntnis, warum wir an bestimmte Gegebenheiten, Situationen, Menschen, Gefühle und so weiter festhalten. Was sichern uns unsere Anhaftungen, beziehungsweise welche Vorteile ziehen wir daraus? Worin unterstützen uns diese Anhaftungen und was halten wir durch ihnen aufrecht?

Wir gestalten unser Leben aufgrund derartiger Anhaftungen mehr als wir glauben. Und warum? Weil wir das Licht fürchten. Wir fürchten uns davor im Licht zu stehen und wir fürchten uns davor wir selber zu sein. Denn wir selber zu sein heißt vor allem, ein eigenständiger Mensch zu sein. Ein Mensch, der nicht angepasst ist und somit für andere unbequem. Intuitiv wissen wir, dass unbequeme Menschen nicht selten isoliert sind, da die Masse überwiegend nur angepasste Menschen akzeptiert. Wir selber zu sein heißt auch, gegen jedwede Widrigkeiten des Lebens stets seinen eigenen Weg zu gehen und das kann auch heißen, dass man Entscheidungen trifft, die andere eventuell nicht gutheißen, die anderen eventuell Schmerzen bereiten, aber auch, dass andere sich von uns lossagen. Unseren eigenen Weg zu gehen kann aber auch heißen, dass wir eventuell nicht das Leben in Reichtum führen, wie der Nachbar nebenan. Es kann auch heißen, dass wir auf vieles verzichten müssen, was andere haben. Sei es materielle Dinge, ein Zuhause, das einem Sicherheit vermittelt, Gegebenheiten, durch die man Anerkennung findet und so weiter.

Bei all dem kann leicht die Frage aufkommen, warum soll ich dann ein eigenständiges Leben führen wollen, warum soll ich meinen eigenen Weg gehen und warum soll ich mich selbst verwirklichen wollen, wenn alles so schwierig, alles so schmerzhaft und alles mit Verzicht einhergeht?

Diese Frage ist wahrlich berechtigt und doch ist dies der einzige Weg ein zufriedenes, glückliches und sinnvolles Leben zu führen. Ein jeder von uns kann sich entscheiden, ob er diesen Weg geht oder nicht. Die Verantwortung dafür tragen wir jedoch ganz alleine. Diese kann man nicht jemand anderem überstülpen, so wie wir es gerne manchmal tun, in dem wir andere für unser Leben verantwortlich machen wollen. Wir sind diejenigen, die stets jede einzelne Entscheidung in unserem Leben treffen und wir sind auch diejenigen, die den Mut für unser eigenes Leben aufbringen müssen. Denn dies ist das, was das Leben von uns möchte. Manche nennen es Schicksal oder Kismet, oder was es sonst noch für Bezeichnungen dafür gibt. Wir können zwar unser Leben gestalten, aber wir können die Erwartungen des Lebens an uns selbst niemals abändern. Hier müssen wir uns den Gegebenheiten fügen. Nicht unterwerfen, sondern nur fügen. Unterwerfen hieße ja, dass wir machtlos wären und alles über uns ergehen lassen müssten. Das mag ein Stück weit so anmuten, doch da die Gestaltung dessen was ist stets in unseren Händen liegt, haben wir es in der Hand, unser eigenes Leben farbenprächtig, fröhlich und nach unseren Gutdünken auszurichten.

Bewusst im Hier und Jetzt zu leben, aufmerksam in Verbindung mit dem eigenen Körper zu sein und der Ausrichtung auf das Außen, all das beschert uns sehr viele Aha-Erlebnisse. In diesem Hier-und-Jetzt-Seinszustand werden Sie erkennen können, was in bestimmten Situationen wirksam ist. Wie oft stecken wir in Situationen fest, die wir uns nicht erklären können? Wir wissen einfach nicht, warum wir immer wieder in ein und dieselbe Situation hineingeraten. Mit diesem Hier-und-Jetzt-Seinszustand werden Sie eine Antwort darauf finden, manchmal schneller als gedacht und manchmal erfordert diese Antwort ein wenig Geduld. Dieser Hier-und-Jetzt-Seinszustand wird Sie erkennen lassen, wer Sie wirklich sind, warum Sie an etwas festhalten und was Sie loslassen müssen. Durch jedes Loslassen verringern Sie das Leid in Ihrem Leben.

Was Sie jedoch nicht tun sollten ist, sofort zu reagieren, wenn Sie irgendetwas identifiziert haben, dass Sie loslassen sollten. Üben Sie sich in Geduld. Warten Sie ab und beobachten Sie weiter. Haben Sie erst einmal identifiziert was Sie loslassen wollen, müssen Sie noch herausfinden, wie Sie es loslassen, damit Sie dies in dergestalt tun, dass weder Sie noch andere so wenig wie möglich leiden müssen, oder dass Ihnen durch den Prozess des Loslassens kein Schaden entsteht.

Was Sie weiter nicht tun sollten, ist dem Aha-Erlebnis eine Bewertung überzustülpen. Denn das ist das, was wir gerne tun, wenn wir etwas erkannt haben. Wir interpretieren es, wir bewerten es, nur damit wir eine Schublade finden, in der wir dieses Aha-Erlebnis einsortieren können. Ein Aha-Erlebnis einfach einmal stehen zu lassen, es einfach einmal nur wahrzunehmen, fällt uns schwer, da wir dies in unserem Leben bisher nicht praktiziert haben. Etwas wahrzunehmen, es zu sehen, hören, riechen, schmecken, es intuitiv zu erfassen und es einfach so sein zu lassen, verschafft uns eine gewisse Art von Leichtigkeit, da wir uns nicht die Mühe machen müssen es zu interpretieren und es irgendwo einzusortieren. Und warum interpretieren wir unsere Wahrnehmungen? Weil wir Angst haben, dass unsere konstruierte Welt nicht mehr Bestand hat, wenn wir etwas einfach so in der

Luft hängen lassen. Es ist wie eine Bedrohung, die über uns schwebt, wenn wir etwas nicht einsortieren, nicht einsortieren können.

Doch unsere konstruierte Welt wird nur durch unsere Gedanken aufgebaut und aufrechterhalten. Deshalb kommen wir nicht umhin, auch unsere Gedanken loszulassen. Um das zu erreichen, müssen wir erst einmal herausfinden, welche Gedanken wir denken, welche Gedanken uns denken, um loslassen zu können. Durch den Hier-und-Jetzt-Seinszustand werden Sie auch das herausfinden. Und seien Sie versichert, es ist ungewöhnlich interessant und spannend, welche Geschichten Sie sich selbst in Gedanken erzählen. Sie werden feststellen, dass Sie mit Ihren Gedanken Geschichten konstruieren, die mit den äußeren Gegebenheiten nichts gemein haben. Ebenso können sie destruktive, zerstörerische Gedanken identifizieren und entscheiden, ob sie derartige Gedanken denken wollen oder nicht. Sie können entscheiden, ob Sie positive oder negative Gedanken denken wollen. Sie entscheiden, ob Sie ein friedliches oder kriegerisches Leben leben wollen, ob Sie durch die Hölle gehen oder sich lieber einen Platz im Himmel einrichten wollen.

Loslassen heißt, sich von all dem zu befreien, was belastend ist, was das Leben schwer macht, um frei zu sein. Innerlich frei zu sein.

Ist der Mensch innerlich frei, so wird er die äußeren Gegebenheiten nicht als Unfreiheit empfinden. Er wird diese als eine Notwendigkeit erkennen, um für sich etwas ganz Bestimmtes abzusichern. Dadurch entsteht in seinem Leben Leichtigkeit, die ihn bereichert und ganz neue Türen öffnet.

Ebenso heißt Loslassen nicht, einsam auf einem Schiff auf dem offenen Meer zu schwimmen, sobald man alles losgelassen hat. Im Gegenteil. Loslassen bereichert das Leben insofern, dass es den Blick auf bestehende Möglichkeiten richtet, die durch die Anhaftung an irgendwelchen Gegebenheiten nicht möglich gewesen wären. Loslassen heißt auch die Gestaltung seines Lebens nach den eigenen Wünschen, Bedürfnissen, Gefühlen und so weiter, vorzunehmen. Das Loslassen ist die Voraussetzung dafür, ein wahrhaftes Leben im Hier und Jetzt führen zu können.

Erkenne wer Du bist, um zu werden, der Du bist. Dazwischen ist das Loslassen unabdingbar, ist Grundvoraussetzung.

Entscheidungen

Entscheidungen zu treffen, ist ein zweischneidiges Schwert. Die Entscheidungen, die wir treffen, sei es zum Beispiel während des Gehens nach links oder rechts zu gehen, sofern man kein bestimmtes Ziel vor Augen hat, sei es während eines Einkaufs bei der Auswahl eines Handys oder einer Bluse, sei es sich für einen bestimmten Wein zu entscheiden, ohne viel über Wein zu wissen, und so weiter, sind meist unbewusst. Unbewusste Entscheidungen treffen wir aufgrund unserer Vorlieben, unseres Geschmacks, unserer Handlungsmuster und dergleichen. Wir haben solche Entscheidungen schon des Öfteren getroffen. Sie sind unbewusst, weil wir uns daran gewöhnt haben solche Entscheidungen oder so ähnliche Entscheidungen zu treffen. Sie laufen ohne viel Aufhebens ab.

Die Entscheidungen aber, die wir bewusst treffen sollten, möchten, müssen, sind die Entscheidungen, die uns oft auf eine harte Probe stellen. Um bewusste Entscheidungen treffen zu können, müssen wir wissen wer wir sind, was wir wollen, vom Leben oder von uns selbst oder auch von anderen, und wir müssen den Mut besitzen Entscheidungen treffen zu können, die entweder uns selbst oder aber auch andere verletzen könnten. Wir müssen uns über die

Sachlage, die Gegebenheiten, die Möglichkeiten, der Gefahren und so weiter, im Klaren sein, um wirklich effektive Entscheidungen treffen zu können.

Ein großer Hemmschuh dabei, der uns immer wieder unsicher werden lässt, ist die Angst, eine falsche Entscheidung zu treffen. Wir sind bei unseren Überlegungen hin- und hergerissen zwischen der Angst, die wir selbst durch unsere Gedanken erzeugen und der Angst, die uns auf bestimmte Punkte hinweist, die noch fraglich sind und die von uns noch näher angesehen werden müssen. Auch fließen Erfahrungen aus der Vergangenheit mit ein, die sich immer wieder mit erhobenem Zeigefinger in den Vordergrund drängen und die wir mit dem eventuell auf uns Zukommenden abgleichen. Des Weiteren stellt häufig das persönliche Umfeld ein Störfaktor dar. Je unsicherer wir selber sind, desto mehr Einfluss kann das äußere Umfeld auf unsere Entscheidungen nehmen. Je sicherer, je geerdeter wir sind und je besser wir uns selber kennen, desto geringer sind die äußeren Einflüsse auf unser Leben und ganz besonders auf unsere Entscheidungen.

Entscheidungen, die aufgrund äußerer Einflüsse getroffen werden, erzeugen nur Leid, da der Mensch immer wieder versucht, unbewusst in seine eigene Mitte zurückzukehren. Um in die eigene Mitte zurückkehren zu können, bedarf es jedoch, dass grundsätzlich Entscheidungen ohne Einflüsse von außen getroffen werden. Und wer kennt sie nicht die Aussagen von meist älteren Menschen: "Hätte ich mich damals anders entschieden, dann ....". Um ein wahrhaftiges Leben zu leben, ein Leben, an dessen Ende man nichts bereut, für ein derartiges Leben ist es unabdingbar sich seiner selbst bewusst zu sein, sich selber zu kennen. Denn dann sind wir auch in der Lage Verantwortung für unsere Entscheidungen, unser Handeln, unsere Taten zu übernehmen. Wenn wir Verantwortung für unser Leben übernehmen, dann werden wir nicht mehr in der Vergangenheit leben. Durch das Übernehmen der Verantwortung für unsere Entscheidungen akzeptieren wir das, was ist, und können so den Fokus auf die Gegenwart, die uns unablässig in die Zukunft führt, richten.

Entscheidungen können jedoch nur dann getroffen werden, wenn wir uns im Klaren sind, womit wir es zu tun haben und was wir erreichen wollen. Doch um Klarheit zu schaffen müssen wir uns erst einmal mit unserer Angst auseinandersetzen. Die durch unsere Gedanken erzeugte Angst ist meist ein undurchdringliches Dickicht, durch das es schwerlich einen Weg zu finden gibt, da an jeder Abzweigung ein Monster steht, das sich aufbläht und uns bedrohlich entgegensieht. Sobald wir uns jedoch im Klaren sind, dass dies nur unsere hausgemachte Angst ist, sind wir in der Lage den nächsten Schritt zu gehen. Dies erfordert jedoch Zeit und

Geduld. Und genau diese erforderliche Zeit und Geduld sollten wir uns nehmen, damit wir für uns eine zufriedenstellende und akzeptable Entscheidung treffen können.

Was ebenso hilfreich ist, ist, der Angst entgegenzublicken. Das heißt, wenn wir Angst haben, dass eine bestimmte Entscheidung eine angstauslösende Situation zur Folge haben kann, dann sollten wir uns diese Situation, mit allem ihr innewohnender Schrecken, einmal genauer ansehen. Wir stellen uns vor, wie diese Situation eventuell aussieht und was dann die Gegebenheiten sind. Wenn wir die Gegebenheiten dann vor unserem inneren Auge sehen, dann können wir uns weiter vorstellen, wie unser nächster Schritt aussieht und welche Möglichkeiten uns dann zur Verfügung stehen. Und wenn diese Möglichkeiten uns zur Verfügung stehen und wir diese ergreifen, ja was dann? Durch dieses Gedankenkonstrukt, in dem man immer wieder einen Schritt weitergeht, holt man sich gedanklich aus der Erstarrung und eröffnet einen Raum für neue Möglichkeiten. Dadurch löst sich die Angst wie Nebel in der Sonne auf und lässt nur noch die Angst übrig, die uns zur Vorsicht ermahnt, aber nicht zur Untätigkeit verdammt.

Die Angst, die uns zur Vorsicht ermahnt, sollten wir willkommen heißen, denn sie ist die, die es gut mit uns meint. Sie weist uns auf Dinge hin, die wir unbedingt beachten sollten, die wir vergessen haben abzuhandeln oder die, wenn wir sie unbeachtet lassen, uns in der Zukunft Schwierigkeiten bereiten könnten.

Um also die aushebelnde und die hilfreiche Angst auseinander halten zu können, um einen klaren Überblick auf die Sachlage und auf den Weg, den wir beschreiten wollen, zu haben, ist es unabdingbar, dass wir uns selbst kennen, wissen wer wir sind. Nur dann sind wir tatsächlich in der Lage auch zu wissen, wohin unser Weg, unsere nächste Entscheidung uns bringen soll. Wissen wir nicht wer wir wirklich sind, können wir auch keine für uns zufriedenstellende Entscheidung treffen.

Um im Leben vorwärts gehen zu können müssen wir verinnerlicht haben, aufmerksam, in Verbindung mit dem eigenen Körper, im Hier und Jetzt zu leben. Wir müssen lernen unsere Gedanken zu beobachten und lernen unsere Gedanken abzustellen. Wir müssen lernen im momentanen Gewahrsein, im Hier und Jetzt zu verweilen, ohne sofort tätig zu werden. Auch müssen wir lernen unsere Reaktionen, unsere Handlungen zu kontrollieren, damit wir weder uns noch den Anderen Schaden zufügen.

Reaktionen, Handlungen, Taten

Unsere Reaktionen werden bestimmt von unseren Gedanken, von den Gegebenheiten und von dem, was in unserem Unbewussten aktiv ist.

Das, was daraus folgt, sind unsere Handlungen, die uns als Person ausweisen, die unseren weiteren Weg bestimmen und die unsere Persönlichkeit weiterbilden.

Wenn wir eines Tages auf unser Leben zurückblicken, so sind es nicht die Gedanken, die wir einmal dachten, die Schwierigkeiten, die uns an bestimmte Situationen unseres Lebens herausgefordert haben, es sind nicht die Reaktionen, die in bestimmten Momenten für uns förderlich oder destruktiv waren. Nein! Es sind unsere Taten, die letztendlich zählen. Nicht nur in unseren Augen, sondern auch in den Augen der Anderen und sie sind ein wesentlicher Bestandteil, mit dem wir die Welt mitgestalten. Ob im Großen oder im Kleinen ist dabei völlig irrelevant. Wenn Menschen in der Gegenwart auf Menschen in der Vergangenheit zurückblicken, dann sind die Erzählungen gespickt mit Stationen ihres Lebens. Den Weg, den ein Mensch gegangen ist und welche Taten er vollbracht hat.

Viele von uns haben den Eindruck, dass wir unsere Reaktionen selber steuern und auch, dass wir uns dessen ständig bewusst sind. Doch wer aufmerksam in seinem Erleben ist, weiß, dass diese Annahme in keinster Weise der Realität entspricht. Denn wer hat nicht schon mal Situationen erlebt, in der die eigene Reaktion schneller war als gewünscht und er aufgrund dessen in eine unerwünschte Situation geraten ist, aus der er nur noch mit großer Mühe wieder herauskommen konnte? Oder wer hat sich nicht schon einmal darüber geärgert, dass seine Reaktionen von einem Autopiloten, nämlich von seinem Unbewussten, gesteuert wurden? Wir bekommen dies zwar auf der Bewusstseinsebene ein Stück weit mit, aber es entzieht sich stets unserer Kontrolle. In so manchen Situationen wäre vielleicht eine Reaktion nötig gewesen, aber wir brauchten viel zu lange, um die Vorteile und Nachteile zu erkennen, sie abzuwägen und uns letztendlich zu entscheiden. Wie viele Gelegenheiten wurden dadurch nicht schon verpasst?

Sofern wir nicht gelernt haben aufmerksam zu sein und uns selbst gut zu kennen, um die Trigger, die uns immer wieder in bestimmten Situationen auf eine bestimmte Weise reagieren lassen und die letztendlich die Kontrolle über unsere Reaktionen haben, identifizieren zu können, werden unsere Reaktionen zu einem Großteil von unserem Unbewussten gesteuert. Unser

Unbewusstes speichert unsere Empfindungen und unsere Reaktionen in bestimmten Situationen, damit wir später in ähnlich gearteten Situationen wieder reagieren, wie in der Vergangenheit. Diese Vorgänge entlasten die Komplexität unserer Psyche. Doch das, was am wirkungsvollsten unser Unbewusstes prägt, sind unsere Gedanken. Sie gestalten unsere innere Welt, die sich dann im Außen zeigt. Unsere Gedanken sind wie ein Motoröl, das bestimmte Schrauben ölt, sodass die Konstruktion, also der Mensch, sich auf eine ganz bestimmte Weise, in eine ganz bestimmte Richtung bewegt. Unsere Reaktionen sind quasi die Stellschrauben unseres Seins.

In dem Film "Siddhartha", eine Erzählung von Hermann Hesse, gibt es die Szene, in der Siddhartha unter dem Baum der Erkenntnis sitzt. Während er im Schweigen ohne zu reagieren dasitzt, ziehen alle Versuchungen des Lebens an ihm vorüber. Schweigend, aufmerksam und ohne zu reagieren lässt er alle Versuche kommen und wieder gehen, beziehungsweise vorüberziehen. Diese Szene ist ein Sinnbild dafür, wie wir uns von unserer Vergangenheit, von unseren Sehnsüchten und Wünschen und von unseren Begehrlichkeiten befreien können. Natürlich ist dies kein Prozess, der innerhalb von ein paar Minuten, ein paar Tage oder Wochen, so wie im Film gezeigt, abzuschließen wäre. Nein! Dieser Prozess dauert lange. Er kann sehr lange dauern. Denn das, was sich Jahre,

Jahrzehnte lang in unserem Unbewussten eingeprägt hat, kann sich nicht in kurzer Zeit auflösen. Das Unbewusste ist wie ein Magnet, der alles an sich zieht, aber nicht leicht wieder hergibt.

So ist es auch nicht leicht Menschen, die man liebt, gehen zu lassen. Zum Beispiel die eigenen Kinder, den Partner, der nun eine Andere liebt, Freunde, die in eine andere Stadt ziehen und so weiter. Wenn man das Loslassen übt, so wird man erkennen, dass loslassen geliebter Menschen nicht heißt, dass man diese nicht mehr sehen wird, niemals wieder Kontakt zu ihnen haben wird, sondern dass man diese Beziehung letztendlich auf eine andere Beziehungsstufe hebt. Nämlich auf eine Beziehungsstufe, auf der man den Anderen so wie er ist annimmt und man ihn sein Leben leben lässt, wie er es selber mag. Das, was dann noch auf der Beziehungsebene zurückbleibt, ist Respekt, Wertschätzung, Anerkennung und eine Liebe, die dauerhaft und echt ist. Eine Liebe, die keine Bedingungen beinhaltet, sondern Leichtigkeit, Zärtlichkeit und Freundschaft.

Wenn wir lernen bei uns zu bleiben, den eigenen Korper zu erspüren, das Gefühl haben in unserer Mitte verankert zu sein und wir gelernt haben unsere eigenen Gedanken zu beobachten, ihnen Einhalt zu gebieten und mit unserer Aufmerksamkeit gleichzeitig im Außen verweilen, dann haben wir die Chance unsere

Reaktionen zu steuern. Dann nämlich können wir unseren Reaktionen das Ruder aus der Hand nehmen und selber unser Schiff in eine ganz bestimmte Richtung lenken.

Um Handlungen vollziehen zu können, die unserer eigenen Persönlichkeit entsprechen, sind nur dann möglich, wenn wir unsere Reaktionen selber steuern können. Unsere Handlungen legen unseren weiteren Weg in die Zukunft fest. Eine Zukunft, die wir selber mitgestalten wollen und in der wir Taten vollbringen wollen, die uns entsprechen, die aus unserer eigenen Lebensfreude entspringen. Alle anderen Taten wären fremdbestimmt und würden uns nur Leid und Schmerzen zufügen.

Gefühle

Wir Menschen haben sehr vielfältige Gefühle, mit denen wir uns sehr häufig konfrontiert sehen. Angst ist ein Gefühl, das fast jeder Mensch kennt. Ebenso Liebe, Freude, Furcht, Neugierde, Hass, Trauer, um nur die hautsächlichen Gefühle einmal zu benennen. Und nicht zu vergessen die vielen Abstufungen, die es bei jedem Gefühl auch noch gibt.

Doch diese Gefühle werden im Laufe eines Menschenlebens mit vielem überdeckt, wie zum Beispiel mit Gedanken, sodass der Mensch so manches Gefühl nicht mehr richtig wahrnehmen kann. Das ist so ähnlich, wie wenn ein Baum Blätter fallen lässt und keiner räumt die Blätter weg. Diese verfaulen mit der Zeit und der Boden, der sich darunter befindet, fängt ebenfalls an zu schimmeln und später dann auch zu verfaulen.

Oder aber der Mensch lernt von Kindesbeinen an, dass er Gefühle nicht zulassen darf, da er sich ansonsten in einer sehr unangenehmen, schmerzhaften Situation wiederfindet. Oder ein Kind macht die Erfahrung, dass seine Gefühle nicht ernst genommen werden. Wie soll es dann lernen zu seinen Gefühlen zu stehen? Wie soll das Kind lernen seine Gefühle zu benennen und entsprechend zu handeln? Wie sollen Kinder, die derartige Erfahrungen machen sich zu einer stabilen, selbstbewussten Persönlichkeit entwickeln?

Es gibt aber auch Kinder, die mit ihren Gefühlen ständig Mittelpunkt der Familie sind. Diese Überbewertung der Gefühle eines Menschen führt zu einem zwanghaften, krankhaften Verhalten. Diese Menschen finden sich im Erwachsenenleben sehr häufig in psychiatrischer Behandlung wieder. Denn der Mensch braucht die Menschen im Außen. Er braucht es, sich mit ihnen zu beschäftigen und auseinander zu setzen. Er braucht es, seine Aufmerksamkeit nicht zu stark nach innen, auf seine eigene Person, sondern nach außen, auf die Anderen, zu lenken. Nur so kann er sich im Hier und Jetzt positionieren und diese Positionierung ist der wichtigste Faktor um ein gesundes, glückliches und zufriedenes Leben zu führen.

Wir Menschen haben die Angewohnheit uns viel zu sehr mit unseren Wünschen und Bedürfnissen zu identifizieren. Diese Wünsche und Bedürfnisse gehen sehr stark mit unseren Gedanken einher und genau diese Gedanken sind es, die uns von unseren Gefühlen abschneiden.

Wir sehen zum Beispiel etwas, was der Nachbar tut und sofort entsteht in uns der Wunsch, es ihm nach zu tun. Wir sind dann sofort gedanklich damit beschäftigt uns damit auseinander zu setzen, wie wir dies auch erreichen könnten. Wir sind dann so in unserer Beschäftigung verhangen, dass wir nicht einmal mehr in der Lage sind uns zu fragen, warum wir es unserem Nachbarn nachtun wollen. Wir fragen uns nicht, ob das, was wir nun erreichen wollen, auch tatsächlich das ist, was wir für uns selbst erreichen möchten oder ob der Wunsch nicht doch vielleicht nur aufgrund nachbarschaftlicher Konkurrenz entstanden ist. Unsere Gedanken benötigen dabei unsere volle Aufmerksamkeit und unsere Gefühle bleiben außer Acht.

Wenn wir nun durch mehr Achtsamkeit mit uns selbst und der Welt im Außen gelernt haben, nicht nur unseren Gedanken, sondern auch unseren Gefühlen mehr Aufmerksamkeit zu schenken, dann sind wir auch in der Lage auseinander zu dividieren, aus was unser Wunsch, es dem Nachbarn gleichzutun, resultiert. Ist es Konkurrenzdenken oder sogar Neid, der Nachbar könnte sich etwas leisten, was ich mir nicht leisten kann? Oder wünsche ich mir genau das Gleiche, habe es mir schon immer gewünscht, nur hat es den Nachbarn gebraucht, um eine Verwirklichung dieses Wunsches anzustoßen?

Viele werden hierbei feststellen, dass, seinen Gefühlen mehr

Aufmerksamkeit zu schenken, ein nicht so einfaches Unterfangen ist. Gefühle können manchmal hauchzart, wie eine Ahnung sein. Gefühle können manchmal nur flatterhaft wahrgenommen werden. Und manchmal sind Gefühle derartig flatterhaft, dass sie, sobald man ihnen etwas Zeit gibt, sich auflösen. Gefühle können aber auch tief vergraben sein, sodass ein ständiges Üben, Gefühle wahrzunehmen, von Nöten ist. Gefühle können auch sehr schmerzhaft sein und genau diese Gefühle bedürfen einer größeren Aufmerksamkeit. Denn sobald Gefühle mit Schmerzen einhergehen, sind diese mit Erinnerungen verhaftet, ähnlich einem Geschenk, das auszupacken es sich lohnt, da entweder das schmerzhafte Gefühl sich auflösen kann, oder aber ein schmerzhaftes Gefühl sich in ein reines wohltuendes Gefühl verwandeln kann.

Wenn Sie beginnen sich im Hier und Jetzt zu positionieren, Sie sich im Gewahrsein Ihres Innern befinden und gleichzeitig Ihre Aufmerksamkeit auf das Außen gerichtet ist, werden Sie Ihren eigenen Gefühlen begegnen können. Nehmen Sie sie, so wie Sie sie fühlen, einfach nur wahr, ohne sich allzu stark damit zu identifizieren. Sagen Sie zu sich "Ja, so ist es im Moment.". Lernen Sie, Ihren Tränen, die vielleicht schon lange in Ihnen eingeschlossen waren, freien Lauf zu lassen und nehmen Sie gleichzeitig sich in dieser Situation, in dieser Umgebung wahr.

Verziehen Sie ihr Gesicht zu einem Lächeln, auch wenn es schwerfällt und es Sie Kraft kostet, denn dies verhilft Ihnen im Gleichgewicht zu bleiben. Wenn Sie derart vorgehen, werden sich schmerzhafte Erinnerungen auflösen, ohne dass Sie hierfür eine jahrlange Therapie brauchen. Ihre Tränen werden diese schmerzhaften Erinnerungen einfach wegwischen. Es sei denn, Ihre Erinnerungen sind Ihnen derart wichtig, dass Sie diese nicht einfach gehen lassen wollen, können oder sogar dürfen. Wenn dem so ist, dann bleiben Sie auch diesbezüglich im gleichen Gewahrsein und in der Aufmerksamkeit. Und so werden sich auch diese Fesseln so nach und nach auflösen, auflösen dürfen.

Frei zu sein von inneren Schmerzen bedeutet auch, plötzlich als Mensch frei zu sein Und dann? Mit was identifizieren Sie sich dann? Eine Identifizierung gibt dem Menschen stets Halt um sagen zu können "Das bin ich.", "So bin ich.". Frei sein kann erst einmal Angst auslösen, da man als Mensch plötzlich nackt mit seinen eigenen Gefühlen dasteht. Ab diesem Moment ist man für sich selbst voll verantwortlich und kann keinem mehr die Schuld für irgendetwas zuschieben und ein Handeln einfordern.

Seien Sie mutig! Stellen Sie sich Ihren eigenen Gefühlen und werden Sie der Mensch, der Sie wirklich sind. Nichts anders ist lebenswert!

Schicksal

Die Meinungen von uns Menschen darüber, ob es ein Schicksal gibt oder nicht, sind zwiespältig. Viele tun die Frage einfach ab indem sie sagen, es gäbe kein Schicksal. Doch haben Sie einmal darüber nachgedacht, was Schicksal überhaupt bedeutet?

Schicksal heißt ja letztendlich, dass es da eine höhere Macht gibt, die mein Leben bestimmt, mir vorschreibt wie mein Leben ablaufen soll und ich keine Möglichkeit habe, dagegen Einspruch zu erheben oder gar mit jemanden darüber verhandeln könnte. Würde ich dem zustimmen, so müsste ich ja alles über mich ergehen lassen und könnte mein Leben nicht selbstbestimmt leben. Bin ich es denn nicht gewesen, die die Entscheidungen getroffen hat, um bestimmte Wege zu gehen? Wege, die ich gehen wollte und letztendlich auch gegangen bin? Und wenn ich daran glauben würde, dass es da eine höhere Macht gibt, müsste ich da nicht auch akzeptieren, dass es einen Gott gibt?

Ich habe mir nie die Frage gestellt, ob ich ein bestimmtes Schicksal habe. Schicksal, das war etwas für andere Menschen. Menschen, die gute Taten für die Menschheit geleistet haben oder die sehr schlimme Dinge erleiden mussten. Oder es gab Menschen, deren

Schicksal sich in Ihren Lebensgeschichten, die in Büchern oder sonstigen Dokumenten auftauchten, zeigte.

Doch das Leben hat mich eines gelehrt: Als ich mich in der schlimmsten Phase meines Lebens befand, als ich nicht wusste, werde ich jetzt verrückt, bringe ich mich um oder werde ich umgebracht, lernte ich, dass der einzige Ausweg aus diesem Dilemma der war, einfach stehen zu bleiben, zu beobachten was um mich herum vor sich ging, was in meinem Körper vor sich ging und was mir an Emotionen alles begegnete. Ich lernte, dass stillhalten, nicht zu reagieren, sich nicht zu widersetzen und nicht in Panik zu geraten, sondern das zu akzeptieren was jetzt gerade ist, meine Rettung ist. Ich lernte, dass ich gegen das, was geschehen war, erst einmal nichts tun konnte. Dass ich den Weg, der vor mir lag, gehen musste und dass ich nun die Entscheidung treffen musste, mich dem zu beugen um mich zu erretten oder mich dem zu widersetzen und damit mein eigenes Leben an den Nagel zu hängen. Ich entschied mich dazu mich zu retten, da aufgeben einfach wider meiner Natur ist. Je länger ich stillgehalten habe, desto klarer wurde mir, dass ich tatsächlich einen bestimmten Weg bis zu diesem Punkt meines Lebens gegangen bin und dass es nur eine Fortsetzung von diesem Weg gibt.

Wir Menschen können nicht einfach aus einem Leben "aussteigen" und in ein anderes Leben "einsteigen". Wir können Standorte verändern, wir können unsere Überzeugungen ändern, wir können heutzutage sogar unser Aussehen ändern, sodass man uns nicht mehr von außen erkennen kann, aber wir können das, was wir im Innern sind, niemals verändern. Wir können es verstecken, uns so trainieren, dass wir äußerlich uns nicht zu erkennen geben, aber wir bleiben trotzdem diese eine bestimmte Person.

Auch wurde mir klar, dass wir Menschen alle an einem ganz bestimmten Platz geboren werden. Ein Platz, der die Wurzel unserer Persönlichkeit ist. Wir werden geprägt gleich von Beginn an, durch Familie, Gesellschaft und die Gene, die wir mitbekommen. All das prägt uns und lässt uns zu dem Menschen werden, der wir dann sind. Und diese bestimmten Spuren der Vergangenheit, ob sie sichtbar sind oder nicht, werden uns durch unser Leben leiten.

Wenn wir die Gegebenheiten, in denen wir uns befinden, nicht akzeptieren und uns diesen widersetzen, so werden wir ein leidvolles, schmerzhaftes Leben führen müssen.

Und genau innerhalb dieser Zwiespältigkeit, zwischen Widerstand und Leid, liegt unser Schicksal. Nehmen wir es an, können wir das Leid und die Schmerzen transformieren, sie verwandeln. Wir können dadurch in einen Reifungsprozess eintreten, der uns Stärke, Mut und Klarheit bringt. Denn nur dadurch, dass wir Menschen durch erlittenes Leid und Schmerzen wachsen, können wir zu dem Menschen werden, der wir wirklich sind.

Wenn Sie einmal an diesem Punkt angekommen sind, an dem Sie Ihr Schicksal annehmen, so werden Sie erkennen, dass das Schicksal anzunehmen nicht bedeutet sich selber aufzugeben, sondern dass es bedeutet sein Leben in die Hand einer höheren Macht zu übergeben und darauf zu vertrauen, dass diese höhere Macht sich darum kümmern wird und dabei über Sie wachen wird.

Dieses "sein Leben in die Hand einer höheren Macht zu übergeben" bedeutet loszulassen von einer Verantwortung, die bisher schwer auf die eigenen Schultern drückte. Und durch dieses Loslassen setzt sich eine Energie frei, die sich letztendlich in Lebensfreude verwandelt.

Das heißt nicht, dass Sie jetzt, dadurch, dass Sie mit einer höheren Macht in Verbindung stehen, glaubig sein müssen. Sie müssen sich auch keiner Religion anschließen. Es gibt nur in uns Menschen diese ganz bestimmte spirituelle Seite, die dadurch Beachtung findet. Und das genügt.

Und hier noch ein kleiner Warnhinweis für Sie: Sollten Sie eines Tages Ihr Schicksal akzeptieren, kann es sein, dass Sie so etwas wie Demut verspüren. Für viele von uns in der heutigen Zeit eine etwas ungewöhnliche Empfindung. Finden Sie nicht auch?

Verführungen

Wenn Sie sich darin üben im Hier und Jetzt zu sein, werden Sie immer wieder feststellen, dass Sie vergessen haben auf bestimmte Abläufe zu achten, sie zu beobachten. Auch werden Sie feststellen, dass Ihre Gedanken sich immer wieder selbständig machen und sie irgendwohin wandern, nur nicht ins Hier und Jetzt. Des Weiteren werden Sie feststellen, dass der Alltag Sie immer wieder mit kleinen und großen Herausforderungen konfrontiert, die Ihre Aufmerksamkeit erfordern. Wenn Sie dies bemerken, so haben Sie bereits einen ganz wichtigen Schritt getan. Sie sind nämlich dabei, immer wieder sich auf das Hier und Jetzt zurückzuziehen, sodass es Ihnen auffällt, wohin Ihre Aufmerksamkeit geht, womit sich Ihre Gedanken beschäftigen und wie schwer es tatsächlich ist im Hier und Jetzt eine Beobachterposition einzunehmen.

Viele von uns, die an diesem Punkt angelangt sind, gehen dann sehr streng mit sich selbst ins Gericht und verhalten sich selbst gegenüber sehr ungnädig. Sie beschimpfen sich selbst als wären sie Mutter oder Vater, die ein kleines Kind unbedingt nach ihren Vorstellungen erziehen möchten. Manche bestrafen sich sogar dafür, weil sie ihrem eigenen perfektionistischen Anspruch nicht genügen und viele geben an diesem Punkt sogar auf. Nach dem

Motto "Das schaffe ich ja sowieso nicht." oder "Auch dazu bin ich nicht fähig.", weil sie derartige Sätze des Öfteren in ihrer Kindheit zu hören bekommen haben.

Wenn Sie derart unterwegs sind so sollten Sie, beziehungsweise müssen Sie sich immer wieder bewusst machen, dass das Leben eine ständige Übung, ein ständiges Lernen ist. Selbst ein Eiskunstläufer, zum Beispiel, übt seine Kür in immer wieder gleichen Abläufen, in unzähligen Wiederholungen, die Ausdauer und Disziplin erfordern. Und selbst dann ist nicht sicher, dass er, wenn es darauf ankommt, eine perfekte Kür vollzieht. So ist es auch bei der Bewusstwerdung eines Menschen. Auch er muss ständig üben, sich immer wieder erinnern und es als unabdingbar für ein selbstbestimmtes Leben ansehen.

Und da mit Freude, Lachen, Zärtlichkeit und ein wenig Liebe das Leben sehr viel einfacher ist, lernen Sie gut zu sich selber zu sein. Wenn Sie feststellen, dass Sie wieder einmal mit Ihren Gedanken auf Reisen gegangen sind, machen Sie keinen Staatsakt daraus, sondern sagen Sie einfach im Stillen "Aha" dazu. Lächeln Sie über Ihre Fantasie, die wieder einmal Stories erzählt hat, die mit der Realität sehr wahrscheinlich wenig zu tun haben und wenden Sie sich wieder dem Hier und Jetzt zu.

Wenn Sie sich entgegen der Meinung Ihrer Freunde für etwas Anderes entscheiden, so stehen Sie dazu. Haben Sie Verständnis für das vielleicht von den Freunden vorgebrachte Unverständnis und begegnen Sie Ihren Freunden jedoch mit Verständnis und dem Wissen darum, dass Sie Ihre Entscheidung nach Ihrem Wissen, unbeeinflusst von außen, getroffen haben. Das ist manchmal nicht leicht, aber es ist ein wichtiger Schritt für die Entfaltung der eigenen Persönlichkeit. Wenn Sie nämlich zu der Person werden wollen, die Sie tatsächlich sind, so werden Sie damit rechnen müssen, dass Sie oft nicht den Vorstellungen von Freunden, Verwandten oder Bekannten entsprechen. Sie sollten sich daher genau überlegen, ob Sie ein Leben wollen, welches Andere von Ihnen erwarten und Sie sich dabei sehr wahrscheinlich selbst aufgeben müssen, um dem gerecht zu werden, oder ob Sie ein Leben leben wollen, das Ihnen entspricht. Ein Leben, das eventuell so ganz anders ist als das Leben der Anderen. Ein Leben, das vielleicht auf Unverständnis trifft, auf Ablehnung, das vielleicht sogar eine Trennung von geliebten Menschen auslöst. Das Leben zu leben erfordert wahrlich Mut und doch liegt gerade darin der Sinn des Lebens.

Die Aufmerksamkeit immer wieder ins Hier und Jetzt zu lenken bedeutet auch, dass man sich im „Loslassen“ übt. Sie werden mit der Zeit feststellen, dass dieses "Aufmerksamkeit abziehen", "sich im Hier und Jetzt zu positionieren" Sie darin übt, dass Sie auch in anderen Situationen, ja sogar auch in sehr belastenden Situationen immer mehr die Fähigkeit entwickeln, Ihre Aufmerksamkeit selbst steuern zu können. Sie werden gedanklich flexibler und können so auch in belastenden Situationen noch einen gewissen Überblick behalten. So sind Sie zum Beispiel in der Lage so reagieren zu können, dass die Situation sich nicht durch Ihr eigenes Verhalten noch verschlimmert.

Je mehr Sie die Fähigkeit des "Loslassens" ausbilden, desto besser können Sie die Vergangenheit loslassen, Geschehnisse, die Sie vielleicht irgendwann einmal in Ihrem Leben aus der Bahn geworfen haben, abschließen oder aber sich von ganz bestimmten Reaktionen, die Sie immer wieder in selbstschädigender Art und Weise äußern, lösen.

Und es gibt noch einen ganz wichtigen Grund, seine Aufmerksamkeit ins Hier und Jetzt zurückzuholen. Nämlich: Sobald Sie Ihre Aufmerksamkeit wieder auf das Hier und Jetzt zurückgelenkt haben, tritt in Ihrem Körper eine wohltuende Entspannung ein. Denn wenn Sie mit Ihrer Aufmerksamkeit im Hier und Jetzt sind, so atmen Sie auch unbewusst wieder völlig normal, was Sie nicht tun, wenn Ihre Aufmerksamkeit woanders hingeht. Dann nämlich ist Ihr Körper verspannt und Sie atmen flacher und machen weniger Atemzüge. Ist die Aufmerksamkeit im Hier und Jetzt, so wird der Atem tiefer und mit der Zeit nehmen Sie Ihre Atemzüge auch sehr viel bewusster wahr. Das, was man in Meditationskursen lernt, ist, die Aufmerksamkeit für eine Stunde auf das Innere zu lenken und seine Atemzüge zu beobachten. Und man tut es meistens nur in diesen Meditationsstunden. Im Alltag wird das Geübte vergessen. Sehr viel effektiver ist es, diese Übung im Alltag zu üben, da der Mensch Reaktion und Situation kognitiv verbindet. Durch das Üben im Alltag werden die Übungen irgendwann zu einer Selbstverständlichkeit im alltäglichen Sein. Die alltägliche Handlung wird mit der alltäglichen Situation verbunden und kann innerlich so zum Automatismus werden. Üben Sie also effektive Entspannung dadurch, dass Sie lernen Ihre Aufmerksamkeit im Alltag immer wieder, und das liebevoll, auf das Hier und Jetzt zu lenken.

Muster

Wir Menschen legen im Laufe unseres Lebens ständig neue Muster an, aufgrund derer wir unser Leben leben. Je öfter wir ein Muster bedienen, desto mehr verfestigt es sich in uns. Irgendwann gehen diese Muster ins Unbewusste über, sodass wir uns derer gar nicht mehr bewusst sind. Sie setzen sich automatisch in Gang, entsprechend ihrer Konditionierung.

Diese automatischen Vorgänge erleichtern uns das Leben, da wir ansonsten völlig von Informationen überfrachtet wären. Ein schönes Beispiel hierfür ist das Autofahren, das wir zum überwiegenden Teil aus unserem Unbewussten heraus vollziehen und wir uns dafür auf das Notwendige, nämlich auf die jeweilige Verkehrssituation, einstellen können. Aber diese automatisierten Vorgänge haben auch Nachteile. Nämlich dann, wenn Muster sich in Bewegung setzen, die von uns nicht erwünscht sind. Diese Muster können uns in sehr peinliche Situationen versetzen. Finden wir uns in einer peinlichen Situation wieder, so sind wir oft nicht nur peinlich berührt, sondern fühlen uns eventuell auch blamiert und verlassen vielleicht fluchtartig diese Situation. Stellt sich dann zu einem späteren Zeitpunkt ein gleicher Kontext dar, sind wir dieser Begegnung gegenüber nicht mehr ganz so offen. Wir fühlen uns zurückversetzt in die zurückliegende peinliche Situation und unsere Gedanken veranstalten so was wie eine Party. Wir haben Sorge, dass es diesmal wieder so peinlich ablaufen könnte. Vielleicht genauso schlimm? Oh je! Vielleicht noch schlimmer? Dann fragen wir uns, ob wir nicht lieber das Ganze sein lassen sollten und viel lieber nach Hause gehen sollten. Und so gestaltet sich unser Leben aus Angst, Unsicherheit und Minderwertigkeitsgefühlen.

Ich glaube, wir alle kennen derartige Situationen. Wir alle haben derartige Situationen irgendwann einmal erlebt und können sie aus unserem Gedächtnis hervorholen, als ob sie erst gestern geschehen wären. Doch dies muss nicht sein, denn derartige Muster vergällen unser Leben, vergiften es, machen es ungenießbar.

Wenn Sie sich in dem Zustand des sich „Im-Hier-und-Jetzt-Positionieren" befinden, dabei gleichzeitig in Verbindung mit ihrem Körper sind und sich darin üben mit der Aufmerksamkeit im Außen zu sein, so kommen Sie Ihren eigenen destruktiven Mustern auf die Spur. Sie werden sich in genau diesen peinlichen Situationen wiederfinden, die Sie an früheren Zeiten erinnern, denn Sie werden sie nun bewusst wahrnehmen. Bisher haben Sie derartige Situationen automatisch durch ganz bestimmte

Reaktionen Ihrerseits, die Sie mit der Zeit geübt haben, um mit diesen peinlichen Situationen einigermaßen zurecht zu kommen, gehändelt. Diese Situationen wieder bewusst wahrzunehmen, kann am Anfang sehr schmerzlich sein. Doch diese Schmerzen sind das Pfand dafür, diese peinlichen Situationen zu eliminieren, sie für immer aus dem Leben auszulöschen.

Wenn Sie sich in einer dieser peinlichen Situationen wiederfinden, so reagieren Sie nicht. Üben Sie sich erst einmal darin, diese Situation bewusst wahrzunehmen, sie zu beobachten, sie einfach sein zu lassen. Mit der Zeit wird es Ihnen immer leichter fallen derartige Situationen zu erfassen und sie einzuordnen. Sie werden bemerken, dass Sie sich durch das Wahrnehmen, dem Beobachten, das Es-sein-lassen, ein Stück weit davon distanzieren. Sie üben sich quasi darin, sich von dieser peinlichen Situation zu befreien. Sie erhalten dadurch einen Überblick, der es Ihnen ermöglicht, die Situation aus einer Perspektive zu betrachten, wie Sie es nie erwartet hätten. Sie sehen und erkennen das, was tatsächlich in dieser peinlichen Situation abgelaufen ist. Unsere vorschnellen Reaktionen, die ja eigentlich zu unserem Schutz gedacht sind, verzerren oft die Situation und verengen aufgrund unserer Gefühle unseren Blick.

Es werden aber auch Gefühle auftauchen, derer Sie sich stellen müssen. Doch gehen Sie nicht, wie so oft in Büchern oder Seminaren beschrieben, in diese Gefühle hinein, sondern nehmen Sie diese Gefühle nur wahr im Zustand des „Im-Hier-und-Jetzt-Positionierens“ und nehme Sie auch wahr, dass sich diese Gefühle nach einer gewissen Zeit auflösen. Lassen Sie diese los, lassen Sie sie gehen. Sie selbst sind nicht diese Gefühle, Sie sind weit mehr als das.

Wenn Sie sich des Öfteren in Seminaren, Aufstellungen, hypnotischen Kontexten bewegen, kann es passieren, dass Sie sich in Gefühle anderer hineinversetzen, beziehungsweise hineinversetzen sollen. Nehmen Sie davon Abstand. Sie haben selber genug Gefühle, mit denen Sie sich auseinandersetzen müssen. Brauchen Sie da wirklich noch Gefühle von Anderen, in denen Sie sich hineinversetzen und das auch noch freiwillig?

Muster sind in allen Bereichen unseres Lebens wirksam. Muster sind überall in dieser Welt. Wie im Kleinen so auch im Großen, ob im Ausdruck oder in der Gestaltung, ob in der Form oder Struktur. Wenn wir uns dies bewusst sind, so können wir auch vieles besser verstehen. Sei es bei den Tieren, bei den Menschen oder in der Natur.

Wenn Sie Ihre eigenen Muster identifizieren, dann haben Sie den

Schlüssel dazu, Ihr Leben tatsächlich ein Stück weit zu verändern. Haben Sie Ihre Muster erst einmal erkannt und haben Sie alte Gefühle losgelassen, dann wissen Sie auch irgendwann wie Sie diese Muster abändern möchten. Doch wie bei so vielem im Leben brauchen Sie auch hier Geduld. Lassen Sie sich Zeit, um sich darüber klar zu werden, wie Sie sich selbst zukünftig in Situationen einbringen wollen. Verschaffen Sie sich Klarheit über sich selbst, damit Sie in einer Situation stets Sie selbst sein können.

Das größte und mutigste Abenteuer auf dieser Welt ist es, sich selbst zu begegnen, die Entwicklung des eigenen Ichs und sich selbst zum Ausdruck zu bringen.

Was Sie dafür brauchen? Zum Beispiel Liebe, Mut, Geduld, Disziplin, Freude, Neugier und Schmerzen. Ja, auch Schmerzen. Ohne diese wird der Mensch nicht wachsen, kann er nicht gedeihen, kann er nicht erblühen. Doch keine Angst, Schmerzen vergehen, Sie sind nur vorübergehend anwesend und letztendlich schnell vergessen.

Zeit

Wenn Sie Ihre Persönlichkeit stärken wollen, wenn Sie zu einer starken Persönlichkeit werden wollen, müssen Sie sich darüber im Klaren sein, dass ein derartiger Prozess seine Zeit braucht. Gute Dinge brauchen ihre Zeit, sagt man im Allgemeinen und das ist auch für diesen Prozess gültig.

Wie viele Jahre hat es gebraucht, bis Sie zu dieser Person geworden sind, die Sie sind? Wie lange hat es gedauert, bis ganz bestimmte Ereignisse in Ihrem Leben Ihre Persönlichkeit geprägt haben? Und welche Gedanken denken Sie, die Ihren Alltag bestimmen? Sich seiner selbst erst einmal bewusst zu werden, beobachten zu können welche Gedanken man denkt und wie diese das eigene Leben prägen, das Herausfinden welche Mechanismen man benutzt um sich selbst zu sabotieren, dies alles verbraucht immens viel Zeit. Doch dies ist keine verschenkte, vertane Zeit. Jeder kleinste Zeitabschnitt, den Sie für Ihre bewusste Persönlichkeitsveränderung in Anspruch nehmen Ist effektiver, gewinnbringender und sicherer angelegt, als jedwede Aktie, Bankobligation, Bundesanleihe oder jedwedes Sparbuch. Die Früchte, die Sie aus dieser Persönlichkeitsarbeit ernten, wird Ihr Leben bereichern und auch einen Weg für Sie bereithalten, den Sie freudig und bejahend gehen können.

Heutzutage leben wir in einer schnelllebigen Zeit, die uns häufig kaum Zeit zum Atmen lässt. Wir fühlen uns bedrängt Dinge zu tun, die wir oft nur aus einem anerzogenen Pflichtbewusstsein heraus erledigen. Wir streben nach Dingen um mit Anderen mithalten zu können und werden uns oft gar nicht darüber bewusst, ob dieses Streben aus einem für uns sinnvollen Grund resultiert oder ob dieses Streben nicht eher etwas mit unserem Konkurrenzverhalten zu tun hat. Wir beschäftigen uns oft mit irgendwelchen sinnlosen Beschäftigungen aus Angst, uns selbst spüren zu müssen. Es gibt sehr viele solche Beweggründe. Wir wenden diese an, weil sie uns anerzogen wurden, wir der Meinung sind, dass wir dem entsprechen müssen oder aber auch weil wir geliebt, gesehen oder angenommen werden wollen.

Doch gerade die Zeit ist es, die uns das Leben bereithält. In ihr können wir das Leben erfahren, spüren und es genießen. Zeit ist das kostbarste Gut, dass wir Menschen haben und dennoch laufen alle heutzutage vor ihr davon. Und die, die zu viel Zeit zur Verfügung haben, können damit nicht umgehen und werden schlimmstenfalls durch diesen Zeitüberschuss krank. Dabei ist ohne die Zeit ein Leben gar nicht möglich. Damit Leben entstehen kann, braucht es die Zeit. Zeit und Leben sind zwei Faktoren, die sich gegenseitig bedingen.

Wir Menschen haben die Zeit bereits in Kategorien eingeteilt. Da gibt es zum Beispiel die Arbeitszeit, die Ferienzeit oder Urlaubzeit, die Krankheitszeit oder Abwesenheitszeit, die Weihnachtszeit und so weiter. Bestimmte Zeitabschnitte haben ihre ganz eigene Bezeichnung. Doch für die eigene Bewusstwerdung gibt es keine genaue Zeitbezeichnung. Es gibt zwar das Wort "Auszeit", doch dieses suggeriert einen Zustand, der nichts mit Bewusstwerdung zu tun hat. Im Gegenteil. Auszeit hat etwas mit Abschalten, sich mit etwas anderem zu beschäftigen oder mit einer Essenspause oder Toilettenpause zu tun, aber nichts mit der Stärkung der eigenen Persönlichkeit. Es hat eher etwas mit auftanken der eigenen Energiereserven zu tun.

Die eigene Persönlichkeit zu stärken hat sehr viel mit Zeit zu tun. Freunden Sie sich mit ihr an. Halten Sie des Öfteren inne und gehen Sie in den Beobachtungsmodus. Bleiben Sie dabei stets mit Ihrem Körper in Verbindung und werden Sie sich stets des jetzigen Moments bewusst. Lernen Sie, drängende Erledigungen einfach vor der Tür warten zu lassen, wie ungeduldige Gäste, die zu früh gekommen sind und draußen noch warten müssen, bis die Vorstellung beginnt.

Wenn Sie diese Übungen des Öfteren praktizieren, so werden Sie sich mit der Zeit auch bewusst, warum Sie sich bedrängt fühlen. Sie werden sich bewusst welche Verhaltensweisen Ihnen in Ihrer frühesten Kindheit antrainiert wurden und welche Sie sich von anderen abgeschaut haben. Und Sie lernen so, die Zeit zu genießen.

In der Zeit zu leben, quasi im Hier und Jetzt zu leben, ist das einzig wahre Leben. Wer sein Leben in der Zeit auskostet, wird nie das Gefühl haben, sein Leben nicht gelebt zu haben, da er ein Leben in Anwesenheit gelebt hat. Nur der unbewusste Mensch lebt sein Leben in Abwesenheit und hat am Ende seines Lebens das Gefühl etwas verpasst zu haben. Machen Sie sich immer wieder bewusst, dass der Mensch, ebenso wie die Natur, Zeit zum Wachsen braucht. Gehen Sie nicht zu sehr in Aktionismus über, sondern suchen Sie sich immer wieder Zeitabschnitte, um innezuhalten und sich selbst wahrzunehmen, sich selbst zu spüren. Diese Zeitabschnitte können Sie sich zum Beispiel beim Warten auf die Straßenbahn oder in der Kinoschlange nehmen. Überall, wo Sie einige Minuten untätig verdammt sind, können Sie die Zeit so effektiv für sich selbst nutzen.

Um eine starke Persönlichkeit zu werden, bedarf es häufig sehr viel Zeit. Nehmen Sie sich diese, denn der Weg zu einer starken

Persönlichkeit ist aufregend, belebend und bereichernd. Und diesen Weg können Sie nur auskosten, indem Sie sich die Zeit dafür nehmen.

Wer wir sind

Wer sind wir? Ist das nicht die Frage, die uns ein ganzes Leben lang herumtreibt? Zumindest ist dies bei der heutigen Generation so. Früher hatten die Menschen aufgrund ihrer Gegebenheiten, wirtschaftlichen Sorgen, Kriege und dergleichen, gar keine Zeit sich einem solchem Thema zuzuwenden. Es sei denn, es handelte sich um Personen, die Philosophie oder Psychologie, oder auch beides, studiert haben. Aber der überwiegende Bevölkerungsanteil war mit ganz anderen Themen, oder besser gesagt mit Sorgen unterwegs, die häufig etwas mit dem Überleben zu tun hatten. Heutzutage scheint es fast keinen Menschen zu geben, der sich nicht schon einmal gefragt hat "Wer bin ich?". Bereits im Schulalltag haben philosophische und psychologische Themen Einlass gefunden. Und doch frage ich mich, ob nicht gerade dieser Zustand dazu beiträgt, dass der Einzelne heutzutage kaum noch weiß wer er ist, wie er sein soll oder wie er sich verhalten soll.

Wie mit so vielem im Leben, ist auch die Beschäftigung mit der eigenen Person ein nicht ungefährliches Unterfangen. Denn je mehr der Mensch sich mit sich selbst beschäftigt, desto mehr Probleme bekommt er. In vielen Lebensratgebern kann man immer wieder einmal lesen "Die Energie folgt der

Aufmerksamkeit." und genauso ist es. Je mehr der Mensch sich mit sich selbst beschäftigt, desto kritischer, unbarmherziger und unsicherer wird er im Umgang mit sich selbst.

Dabei beinhaltet der Satz "Wer bin ich?" gleichzeitig auch die Antwort darauf. Nämlich: „Ich bin wer.“ und "Ich bin, der ich bin.".

Auweia, wie schrecklich! Wenn ich bin, der ich bin, muss ich mich dann im Grunde genommen nicht so akzeptieren wie ich bin? So unperfekt, so unvollkommen, so fehlerhaft? Wie kann ich mich so wie ich bin annehmen, bejahen und sogar auch lieben? Musste ich denn nicht in den zurückliegenden Jahren immer wieder erleben, dass ich zurückgewiesen wurde, abgelehnt wurde und keine Liebe erwidert bekam? Regt sich da nicht auch bei Ihnen innerlich der Widerstand?

Ich bin, was ich bin! Ich bin so, wie ich bin! Ich bin der, der ich bin! Und so wie ich bin, bin ich okay. Wie hört sich das für Sie an? Erinnern Sie sich gerade daran, dass Sie zu sich selber immer wieder einmal etwas ganz anderes sagt haben? Nämlich, Du bist unzulänglich, Du bist zu dumm und Du bist nicht imstande Dein Leben richtig zu leben, und so weiter.

Es gibt tatsächlich ein Gesetz in diesem Leben, es gibt dieses sogar bereits in der Bibel und alle kenne es und es lautet: "Liebe deinen Nächsten wie dich selbst.". Was nichts anderes heißt als: Du kannst erst dann deinen Nächsten lieben, wenn du auch dich liebst. Sollten Sie also Ihren Nächsten nicht lieben (wobei lieben ein sehr starkes Wort ist, man könnte hier anstelle von lieben auch mögen sagen), dann fragen Sie sich einmal, ob Sie sich selbst lieben können, so wie Sie sind. Unzulänglich, unperfekt und unfähig. Was, wenn Sie genauer hinsehen, sehr wahrscheinlich überhaupt nicht der Fall ist. Es sind bloß Ihre Gedanken, die Sie derart sprechen, beziehungsweise denken lassen.

Gehen wir durch dieses Leben mit der Ablehnung uns selbst gegenüber, werden alle Menschen, denen wir begegnen, uns ablehnen. Das mag meist nicht offensichtlich sein, da wir alle irgendwie eine Maske tragen und unsere Gefühle, Einstellungen und Gedanken nicht immer in unserem Gesicht zu lesen sind. Wir werden uns zu den Menschen hingezogen fühlen, die uns nicht wirklich lieben, da wir nicht in der Lage sind uns selbst zu lieben. Und wir werden unserem Leben gegenüber stets Widerstand leisten, da wir nicht das Leben leben, das wir leben könnten, wenn wir uns akzeptieren würden wie wir sind, uns so annehmen und bejahen würden wie wir sind, und uns sogar lieben könnten, indem wir uns mit all unseren Licht- und Schattenseiten annehmen.

Wir Menschen gehen mit dem in Resonanz, mit dem wir selbst unterwegs sind. Wir schwingen uns auf die gedanklichen Ebenen ein mit Menschen, die so wie wir unterwegs sind. Sind wir mit vielen Problemen behaftet, werden wir mit Menschen in Resonanz gehen, die ebenfalls viele Probleme mit sich herumtragen. Sind wir in der Lage, uns von unseren Problemen zu verabschieden und wenden wir uns der Freude zu, so werden wir vielen freudvollen Menschen begegnen.

Deshalb seien Sie davor gewarnt, gewaltvolle Gedanken zu denken. Denn auch diese Gedanken gehen mit den gleichen Gedanken anderer Menschen in Resonanz. Wer hat nicht schon einmal erlebt, dass innere Wut sich nicht auch im Außen gezeigt hat? Gewalt erzeugt Gewalt, und das auch auf gedanklicher Ebene.

Wenn wir Menschen lernen unsere Gedanken für konstruktive Vorgänge zu gebrauchen und in der Begegnung mit Menschen so wenig wie möglich denken oder sogar lernen nichts zu denken und in der Beobachtung zu verweilen, wird dies letztendlich sogar dazu beitragen Frieden in die Welt zu bringen. Dadurch, in dem wir weniger oder auch in vielen Situationen nichts denken, schaffen wir nämlich in uns Frieden. Wir werden ruhiger und stiller und verbreiten somit Frieden in der Welt, und das auf einer Ebene, die wirkungsvoll und nachhaltig ist.

Wer sind wir? Wir sind menschliche Wesen, die noch nicht verstanden haben, dass wir, so wie wir sind, die Welt mitgestalten. Jeder Einzelne von uns. Wir haben noch nicht verstanden, dass wir alle so unterschiedlich sind, wie alle Blumen in der Natur, dass wir uns voneinander unterscheiden, so wie alle Spezien sich voneinander unterscheiden. Und wir haben ebenfalls noch nicht verstanden, wie wichtig es ist, dass wir den Platz, den wir in diesem Leben eingenommen haben, akzeptieren, ihn bejahen und ihn auch lieben.

Wenn wir aufhören zu fragen "Wer bin ich?", und in die Beobachterposition gehen, akzeptieren und bejahen was ist, werden wir mit der Zeit immer klarer sehen können wer wir sind. Dazu gehört auch, dass wir unsere Augen nicht verschließen, wenn wir beginnen unsere Schattenseiten zu sehen. Wir werden erkennen, wie wir in der Vergangenheit unterwegs gewesen sind und können nun selbst entscheiden wie unser Weg weiter gehen soll. Wir können selbst entscheiden, wem wir begegnen wollen und wie wir jemanden begegnen wollen. Je mehr Klarheit wir in unser Leben bringen, über unser So-Sein-im-Leben, desto größer wird die Chance, dass wir uns selber lieben können. Und wenn wir uns selber lieben, haben wir eine Ausstrahlung, die das Gute im Leben anzieht. Dunkelheit zieht nämlich die Dunkelheit an und

Licht zieht Licht an.

Wer bin ich? Ich bin ich! Ich bin eigen. Ich unterscheide mich von dem Anderen, so wie ein Sandkorn sich von einem anderen Sandkorn unterscheidet. Und das ist ehrlich gesagt nichts Besonderes. Es ist, wie es ist.

Die Suche nach dem Sinn des Lebens

Wir Menschen sind alle irgendwann einmal auf der Suche nach dem Sinn des Lebens. Warum eigentlich? Brauchen wir einen Sinn um zu leben? Oder können wir auch leben ohne einen Sinn benennen zu können? Woraus entspringt dieser Drang nach dem Sinn des Lebens zu suchen? Brauchen wir eine plausible, nachvollziehbare Begründung, warum wir leben, warum diese Welt existiert, damit wir "Ja" zu unserem Leben sagen können? Einem Leben, dem wir vielleicht nicht vorbehaltlos gegenüberstehen? Was ist, wenn wir nur ein Zufallsprodukt der Evolution sind und unser Dasein im Grunde genommen bedeutungslos ist. Ja, was dann?

Die Frage nach dem Sinn des Lebens stellt sich der Mensch meist erst dann, wenn er ernsthaft in Schwierigkeiten steckt. Bis dahin lebt er meist in der Sorglosigkeit der Kindheit und Jugend, angereicht mit kleinen Geschichten über den Sinn des Lebens, die vorgelesen wurden und die jedoch nicht weiter ernsthaft reflektiert wurden. Vielleicht wurde bis zum Beginn der schwierigen Phase des Lebens schon einmal über den Sinn des Lebens philosophiert, über die Geschichten, die vorgelesen wurden. Doch meist werden diese zur Seite gelegt, um zu einem späteren Zeitpunkt darauf zurückzukommen.

Aber wenn der Mensch in Schwierigkeiten steckt, dann kann es sein, dass er nicht nur über den Sinn des Lebens nachdenkt, sondern dass er sogar den Weg zu Gott oder den Weg zu einer Religion findet. Glaube gibt dem Menschen Sinn und der Mensch scheint einen Sinn zu brauchen, um sich festzuhalten. Er will die Bestätigung, dass er so wie er geschaffen wurde, auch so gemeint war und dass er nicht als Mensch "bedeutungslos" ist. Es scheint, als müsse der Mensch stets zu irgendetwas eine Beziehung aufbauen, eine Daseinsberechtigung haben oder ein Gefühl dafür haben, sich als Mensch in einem Körper in dieser Welt zu Hause zu fühlen, damit er sich in dieser zurechtfindet.

Doch ist es nicht zumeist so, dass die Menschen, die auf der Suche nach dem Sinn des Lebens sind, den Großteil darauf verwenden nach dem Sinn zu suchen, anstatt ihr Leben tatsächlich zu leben? Andererseits, steht nicht bereits in der Bibel "Suchet und ihr werdet finden?".

Welch ein Dilemma. Man soll suchen um zu finden und wenn man sucht, findet man nichts. Zumindest was den Sinn des Lebens betrifft. Und genau hier ist meiner Meinung nach der richtige Ansatz zu finden.

Der Sinn des Lebens entspringt nämlich aus dem Leben selbst. Das Leben selbst ist der Sinn. Deshalb kann ich den Sinn nicht finden, weil ich mich bereits mitten im Sinn des Lebens befinde. Der Sinn des Lebens entspringt aus mir selbst. Der Sinn des Lebens ist in allem Leben um uns herum enthalten. Der Sinn des Lebens ist das Leben und das Leben ist der Sinn. Wie soll man den Sinn des Lebens suchen, wenn er doch in allem enthalten ist? Daher kann man nicht nach dem Sinn des Lebens suchen, da man sich ja mittendrin befindet.

Was anderes ist es, wenn ich einer Sache, einem Ding, einer Person einen Sinn zuweise. Dann macht diese Sache, dieses Ding, diese Person für mich Sinn. Dann kann ich sagen, diese Sache, dieses Ding, diese Person ist mein Lebenssinn. Damit meine ich, der Sinn meines Lebens, welches ich lebe, wohlgemerkt "meines Lebens". Und hier muss der Mensch ganz klar unterscheiden, dass es einen Unterschied zwischen dem "Sinn des Lebens an sich" und dem "Sinn meines Lebens" gibt. Und diese beiden Positionen können nicht miteinander vereinbart werden. Sie sind stets getrennt zu betrachten.

Wenn wir uns darin üben aufmerksam, beobachtend im Hier und Jetzt, verbunden mit der eigenen Körpermitte zu sein, und "Ja" zu dem zu sagen was ist, so werden wir diese beiden vorgenannten Positionen, den "Sinn des Lebens" und den "Sein meines Lebens" klar voneinander abgrenzen lernen. Wir lernen das Leben zu "sehen". Wir lernen aber auch zu erkennen, was für uns Sinn macht, beziehungsweise wem oder was wir selber einen Sinn zuweisen.

Wenn wir uns in unserer eigenen Körpermitte fühlen können und gleichzeitig aufmerksam und beobachtend im Leben stehen, so brauchen wir uns weder auf irgendeine Suche zu begeben, noch einem anderen Menschen hinterherzulaufen. Wir können in uns ruhen und dem Leben voller Vertrauen gegenüberstehen, es in und um uns herum wahrnehmen.

In schwierigen Zeiten mag uns der Sinn des Lebens in keinster Weise offensichtlich erscheinen. Doch sobald wir diese schwierigen Zeiten gemeistert haben, wird uns der Sinn dieser schwierigen Zeiten offensichtlich werden.

Sobald wir die Suche nach dem Sinn des Lebens eingestellt haben, gewinnt das Leben an Leichtigkeit. Einfach sein zu dürfen und abzuwarten bis der Sinn des Lebens sich ganz von selbst zeigt, darauf zu vertrauen, dass dies irgendwann geschehen wird, schafft Raum und Zeit für Dinge, die man stattdessen tun kann. Das Leben erfreut und durch die Freude zeigt sich das Leben. Und in diesem Leben, das sich zeigt, zeigt sich der Lebenssinn. Der Sinn des Lebens.

Das eigene Ich

In jedem Menschen gibt es die Dreiheit, die aus Körper, Geist und Seele besteht. Die Gesamtheit dessen ist das Ich. Das Ich definiert sich stets als Ganzes und möchte sich so auch zum Ausdruck bringen. Der Mensch besteht nicht aus Einzelteilen, wie Intellektualität, Spiritualität oder aus dem, womit er sich stets zum Ausdruck bringt.

Menschen, die sich nur über die Spiritualität, also über eine Religion definieren, sind nicht im Besitz ihrer Ganzheit. Sie sind einseitig unterwegs. Beziehen sie den Intellekt mit ein, so können sie ein Gleichgewicht herstellen, welches sie, wenn sie aufmerksam und bewusst unterwegs sind, auch zum Ausdruck bringen können. Genauso ist es, wenn sich ein Mensch nur über seinen Intellekt definiert. Auch hier ist er, bezieht er seine Spiritualität nicht mit ein, nur einseitig unterwegs.

Doch der Mensch polarisiert gerne, was sich durch die Kriege in der Welt, den Streit, den Hass, die Gier, der Macht, um nur einige zu nennen, zum Ausdruck bringt. Frieden, innere Zufriedenheit, Glück und dergleichen, kann nicht erreicht werden, solange der Mensch sich nicht im inneren Gleichgewicht befindet. Wie können

Völker dieser Welt in Frieden leben, wenn sie den Anderen um das beneiden, was sie selbst nicht besitzen? Wie können Familien harmonisch leben, wenn sie nicht sich selbst und den Anderen so akzeptieren wie er ist? Und wie kann der Mensch in Frieden leben, wenn er nicht im Einklang mit sich selber ist? Für die Zukunft der Menschheit wird es eine große Herausforderung werden, im Einklang mit sich selbst zu kommen. Denn wenn die Menschheit das nicht schafft, so wird ihr Überleben auf diesem Erdenball nicht erfolgreich sein. Und niemand kann die Menschheit retten, wenn er sich selbst nicht erretten kann. Den Beitrag für das Überleben auf diesem Planeten, den jeder Einzelne beitragen kann, ist, er selbst zu werden, damit er dem Anderen die Hand reichen kann, um ihm zu helfen er selbst zu werden.

Das alles mag sich jetzt pathetisch und überdimensional anhören, doch dem ist nicht so. Es bedarf nur die Kleinigkeit, das eigene Ich zum Ausdruck zu bringen. Und das ist das eigentliche Große, was ein jeder von uns erreichen sollte.

Das eigene Ich zum Ausdruck zu bringen heißt, erst einmal sich selbst zu reinigen, in dem man das loslässt, was man in der Vergangenheit krampfhaft festgehalten hat. Glaubensätze einfach stehen zu lassen, ohne zu agieren. Offen zu sein, was um uns herum geschieht, was wir hören, sehen, riechen, schmecken, ohne zu agieren, ohne etwas zu tun, oder ohne etwas zu bewerten oder über etwas zu urteilen. Diese Übung ist eine der schwersten Aufgaben, die uns das Leben stellt. Denn wir alle sind seit unserer frühesten Kindheit geprägt, geprägt worden. Der eine mehr, der andere weniger. Durch diese Übung, die über eine lange Zeit praktiziert werden muss, meist sogar über Jahre hinweg, lässt allen Abfall, alle Verkrustungen, alle Anhaftungen von uns abfallen, so dass das zum Vorschein kommt, was sich all die Jahre darunter verborgen hat. Nämlich unser eigenes Ich in seinem eigenen strahlenden Glanz, in seiner eigenen Mittelmäßigkeit. Ein Ich, das auch Schatten und Licht aufweist, unperfekt, wie ein Mensch eben ist.

Wie viele Menschen gibt es, die auf der Suche nach dem Sinn des Lebens sind. Sie suchen meist im Außen oder auf der Geistesebene, aber sie suchen nicht danach, sich selbst in ihrer Gesamtheit zum Ausdruck zu bringen.

Für mich liegt der Sinn des Lebens, wie zuvor schon beschrieben, in dem Leben selbst. Und da das Leben sich durch uns zum Ausdruck bringt, bringen wir den Sinn des Lebens, unseres Lebens, zum Ausdruck. Und doch können wir das nur, wenn wir uns in unserer Gesamtheit zum Ausdruck bringen.

Das, was ich bin, zeigt sich in mir und doch haben wir davor, was sich in unserem Innern zeigt, die allergrößte Angst. Sich gegen ein Ungeheuer außerhalb unserer selbst zu wehren, ist einfacher als sich gegen dem zu wehren, was wir in unserem Innern vorfinden. Daher verneinen wir das, was wir in uns vorfinden oder tun alles dafür es nicht spüren oder hören zu müssen.

Um ein friedvolles, aufrechtes und glückliches Leben zu leben, dazu gehört wahrlich Mut. Wir Menschen sind, meiner Meinung nach, nicht auf dieser Erde um so oft wie möglich Party zu feiern, sondern um uns den Herausforderungen des Lebens zu stellen, um uns weiter zu entwickeln, sodass sich auch diese Erde weiter entwickelt, damit sie sich nicht irgendwann gegen uns Menschen wendet. Es ist auch unsere Pflicht uns unseren Ängsten zu stellen, durch sie hindurch zu gehen. Nur durch die Herausforderungen des Lebens können wir stark und kräftig werden, zu einem Menschen mit Rückgrat. So wachsen die schönsten Blumen stets aus den allergrößten Morasten. Ein gehegtes und stets gepflegtes, von allen Winden geschütztes Pflänzchen, hält meist keinen Widerständen stand, die unabdingbar für die Stürme des Lebens sind.

Fangen Sie am besten noch heute mit der Übung an, aufmerksam im Hier und Jetzt, bewusst mit allen Sinnen im Außen und im Innen und in Verbindung mit der eigenen Körpermitte zu sein. Lassen Sie diesen Zustand allgegenwärtig werden und beobachten Sie aufmerksam, wie sich das Leben in seiner Fülle und Schönheit zeigt. Und lassen Sie sich überraschen von dem Gefühl "Ich" zu sein. Akzeptieren Sie Ihr Leben so wie es ist und lassen Sie sich Zeit mit den Veränderungen, die Sie gerne vornehmen wollen. Akzeptieren Sie auch all Ihre Gefühle, ob angenehm oder unangenehm, ohne sofort zu reagieren. Sehen Sie die Unterschiede zwischen sich und den Menschen ohne zu reagieren. Verurteilen und urteilen Sie nicht über sich und andere, denn wenn Sie zum Beispiel das Verhalten eines Anderen verurteilen, so kann es morgen sein, dass Sie sich genauso verhalten. Vielleicht haben Sie nur bis jetzt noch nicht bemerkt, dass auch Sie so manches Mal genauso unterwegs sind.

Lassen Sie sich Zeit. Sie werden den Zeitpunkt erkennen, an dem Sie den nächsten Schritt gehen können, wenn Veränderungen angebracht sind oder wenn Sie etwas endgültig loslassen können.

Alles braucht Zeit und der Weg zur Ich-Werdung braucht ganz besonders viel Zeit, Zeit, die besser investiert ist als alles Geld auf der Bank.

Schlusswort

Eine starke Persönlichkeit zu sein hat den Vorteil, dass man selbstbewusst sein eigenes Leben leben kann. Sich seiner selbst bewusst zu sein, dass ist die Ausrichtung, die der Mensch braucht, um seinen ganz eigenen Weg zu gehen. Unabhängig von anderen Menschen, unabhängig von anderer Meinung und unabhängig von gesellschaftlichen Vorgaben. Das heißt nicht, egoistisch seine eigene Meinung, seine Ansprüche durchzusetzen und sich über Andere zu erheben. Nein! Wenn der Mensch seinen ganz eigenen Weg geht, dann wird dieser Weg stets ein Weg sein, der auch andere mit einbezieht. Jedoch in dem Maße, dass man ein Gespür dafür entwickelt ein Mittelmaß zu finden, das einem in die Lage versetzt seinen eigenen Weg zu gehen und andere so wenig wie möglich dadurch zu verletzen.

Eine starke Persönlichkeit, die sich ihrer selbst bewusst ist, sich selbst kennt mit all ihren Licht- und Schattenseiten, die jedem Menschen eigen sind, wird stets einen friedvollen Weg gehen und auch dem Anderen mit Frieden im Herzen begegnen.

Sich unabhängig von Anderen zu machen heißt aber auch, dass man nicht mehr anfällig ist für Manipulationen des Gegenübers oder der Gesellschaft, die stets einen starken Druck auf den Einzelnen ausübt. Ein Miteinander ist immer wichtig. In manchen Situationen ist es sogar überlebenswichtig.

Ich plädiere hier nicht dafür, dass jede Person zu einem Individualisten wird und nur noch für seine Sichtweisen, für seine Meinungen und für seine Überzeugungen plädiert. Nochmals: Nein! Eine starke, selbstbewusste Persönlichkeit ist auch stets in der Lage Kompromisse einzugehen, Konflikten ohne Angst zu begegnen und sich von Auseinandersetzungen soweit zu distanzieren, dass sie für alle Beteiligten Lösungsmöglichkeiten erkennen kann.

Eine starke, selbstbewusste Persönlichkeit konzentriert sich nicht darauf, ihr Leben ihren Problemen zu widmen, sondern eine starke, selbstbewusste Persönlichkeit lebt ihr Leben. Präsent im Hier und Jetzt, achtsam, bewusst, in Verbindung mit der eigenen Körpermitte.

Eine starke, selbstbewusste Persönlichkeit hält allen Stürmen und Widrigkeiten des Lebens stand und erkennt letztendlich, dass jede Widrigkeit im Leben, jeder Sturm, den sie standgehalten hat, sie in ihrer Entwicklung weitergebracht hat.

Eine starke, selbstbewusste Persönlichkeit ist in der Lage, sich dem Leben zu überlassen, ihre Angst zu überwinden und somit zum Urvertrauen, welches in jedem Menschen innewohnt, zurückzukehren. Ein Großteil der Menschheit ist im Laufe ihres Lebens aus dem Zustand des Urvertrauens herausgerissen worden. Dorthin zurückzukehren ist meist ein sehr steiniger Weg. Doch es ist ein Weg, der keine Alternative bereithält. Dieser Weg muss gegangen werden, um wieder ein lebenswertes Leben zu leben.

Eine starke, selbstbewusste Persönlichkeit wird auch wieder die Liebe erspüren. Ein Gefühl, das ihr vielleicht auf ihrem Weg abhandengekommen ist. Da Gedanken Emotionen verursachen, wird eine starke, selbstbewusste Persönlichkeit in dem zuvor beschriebenen Zustand des "Hier und Jetzt" auch ihre Gedanken steuern können und sich so wieder liebevolle Gedanken zuwenden können, sodass sich wieder liebevolle Emotionen in ihr ausbreiten. Und da Liebe in allen Dingen ist, wird eine Person, die bewusst im Hier und Jetzt ist und die ihre Gedanken, die vielleicht negativ und mit Widerständen angefüllt sind, immer wieder einmal abschalten kann, mit der Zeit mit dieser Liebe, die ist, in Resonanz gehen.

Eine starke, selbstbewusste Persönlichkeit, die es geschafft hat zu einer solchen Person zu werden, kann auch für andere eine Hilfe sein. Sie kann ihre innere Kraft an andere weitergeben. Sie quasi stärken und mit Hoffnung erfüllen.

Eine starke, selbstbewusste Persönlichkeit ist eine Person, die die Gabe hat, die Welt zu verändern. Denn die Welt zu verändern, dazu gehört nicht nur Kraft, sondern auch Mut, Ausdauer, Beständigkeit und das Gefühl in welche Richtung der Weg zu gehen ist.

Eine starke, selbstwusste Persönlichkeit zu werden, das ist unsere wahre Aufgabe, die das Leben uns stellt. Erst wenn wir diese Person geworden sind, wenn wir selbst in uns verankert, verwurzelt sind, ja erst dann können wir einen Weg hinein in das Leben gehen, auf dem wir uns vollständig, gemäß unserer Persönlichkeit zum Ausdruck bringen können. Wurzeln zu haben wie ein Baum, heißt, tatsächlich in unserem Leben verwurzelt zu sein, wie die Bäume in den Wäldern. Verwurzelt und gleichzeitig mit den anderen Menschen auf einer tiefen Ebene verbunden zu sein, sodass wir uns allen Herausforderungen des Lebens mutig stellen können.

Ich wünsche Ihnen, dass Sie genügend Anhaltspunkte in diesem kleinen Buch gefunden haben, die Ihnen dazu verhelfen eine starke, selbstwusste Persönlichkeit zu werden. Denn nichts braucht diese Erde, unsere Welt, dringender als starke, selbstwusste Persönlichkeiten.

***

***

Frühere Bücher von Gertrud Jonas:

Meine Psyche gehört mir!
- Meine Erfahrungen mit NLP, Hypnose, Aufstellungsarbeit, Energiearbeit, etc. -
Taschenbuchausgabe: 2022
ISBN 978-3-00-073047-4

Ich mach dir den Guru
- Die Sicht des Täters auf einen Missbrauch -
Taschenbuchausgabe: 2022
ISBN 978-3-00-072905-8

Die kleine Rauberfibel
Der Weg zu einem frischen Leben
Taschenbuchausgabe: 2018
ISBN 978-3-00-064072-8

Mein Leben kann sich ohne mich niemals verändern
- Vom Handeln und Sehen der Dinge -
Taschenbuchausgabe: 2017
ISBN 978-3-00-056296-9

Momentaufnahmen
Gedichte
Taschenbuchausgabe: 2017
ISBN 978-3-00-057952-3

Alle Bücher zu beziehen bei **www.amazon.de**

***

***